excerpta classica
III

Dieterich'sche Verlagsbuchhandlung
excerpta classica

Band III

Karl Philipp Moritz

BEITRÄGE ZUR ÄSTHETIK

Herausgegeben und kommentiert
von
Hans Joachim Schrimpf
und Hans Adler

ISBN 3-87162-013-0
Copyright © 1989
by Dieterich'sche Verlagsbuchhandlung Mainz
Gesetzt aus der Walbaum-Antiqua
Gesamtherstellung:
Allgäuer Zeitungsverlag, Kempten/Allgäu
Einbandentwurf:
Rambow und van de Sand, Frankfurt

Inhalt

Versuch einer Vereinigung aller schönen Künste und Wissenschaften unter dem Begriff des *in sich selbst Vollendeten*

An Herrn Moses Mendelssohn

Man hat den Grundsatz von der *Nachahmung* der Natur, als den Hauptendzweck der schönen Künste und Wissenschaften verworfen, und ihn dem Zweck des *Vergnügens* untergeordnet, den man dafür zu dem ersten Grundgesetze der schönen Künste gemacht hat. Diese Künste, sagt man, haben eigentlich bloß das Vergnügen, so wie die mechanischen den Nutzen, zur Absicht. – Nun aber finden wir sowohl Vergnügen am Schönen, als am Nützlichen: wie unterscheidet sich also das erstre vom letztern?

Bei dem bloß Nützlichen finde ich nicht sowohl an dem Gegenstande selbst, als vielmehr an der Vorstellung von der Bequemlichkeit oder Behaglichkeit, die mir oder einem andern durch den Gebrauch desselben zuwachsen wird, Vergnügen. Ich mache mich gleichsam zum Mittelpunkte, worauf ich alle Theile des Gegenstandes beziehe, d.h. ich betrachte denselben bloß als Mittel, wovon ich selbst, in so fern meine Vollkommenheit dadurch befördert wird, der Zweck bin. Der bloß nützliche Gegenstand ist also in sich nichts Ganzes oder Vollendetes, sondern wird es erst, indem er in mir seinen Zweck erreicht, oder in mir vollendet wird. – Bei der Betrachtung des Schönen aber wälze ich den Zweck aus mir in den Gegenstand selbst zurück: ich betrachte ihn, als etwas, nicht in mir, sondern *in sich selbst Vollendetes*, das also in sich ein Ganzes ausmacht, und mir *um sein selbst willen* Vergnügen gewährt; indem ich dem schönen Gegenstande nicht sowohl eine Beziehung auf mich, als mir vielmehr eine Beziehung auf ihn gebe. Da mir nun das Schöne mehr um sein selbst willen, das Nützliche aber bloß um meinetwillen, lieb ist; so gewähret mir das Schöne ein höheres und uneigennützigeres Vergnügen, als das bloß Nützliche. Das Vergnügen an dem bloß Nützlichen ist gröber und gemeiner, das Vergnügen an dem Schönen feiner und seltner. Jenes haben wir, in gewissem Verstande, mit den Thieren gemein; dieses erhebt uns über sie.

Da das Nützliche seinen Zweck nicht in sich, sondern *außer* sich in etwas anderm hat, dessen Vollkommenheit dadurch vermehrt werden soll; so muß derjenige, welcher etwas Nützliches hervorbringen will, diesen *äußern* Zweck bei seinem Werke beständig vor Augen haben. Und wenn das Werk nur seinen äußern Zweck erreicht, so mag es übrigens in sich beschaffen sein, wie es wolle; dies kömmt, in so fern es bloß nützlich ist, gar nicht in Betracht. Wenn eine Uhr nur richtig ihre Stunden zeigt, und ein Messer nur gut schneidet; so bekümmre ich mich, in Ansehung des eigentlichen Nutzens, weder um die Kostbarkeit des Gehäuses an der Uhr, noch des Griffes an dem Messer: auch achte ich nicht darauf, ob mir selbst das Werk in der Uhr, oder die Klinge an dem Messer, gut ins Auge fällt oder nicht. Die Uhr und das Messer haben ihren Zweck außer sich, in demjenigen, welcher sich derselben zu seiner Bequemlichkeit bedienet; sie sind daher nichts in sich Vollendetes, und haben an und für sich, ohne die mögliche oder wirkliche Erreichung ihres äußern Zwecks, keinen eigenthümlichen Werth. Mit diesem ihrem äußern Zweck zusammengenommen als ein Ganzes betrachtet, machen sie mir erst Vergnügen; von diesem Zweck abgeschnitten, lassen sie mich völlig gleichgültig. Ich betrachte die Uhr und das Messer nur mit Vergnügen, in so ferne ich sie brauchen kann, und brauche sie nicht, damit ich sie betrachten kann.

Bei dem Schönen ist es umgekehrt. Dieses hat seinen Zweck nicht außer sich, und ist nicht wegen der Vollkommenheit von etwas anderm, sondern wegen seiner eignen innern Vollkommenheit da. Man betrachtet es nicht, in so fern man es brauchen kann, sondern man braucht es nur, in so fern man es betrachten kann. Wir bedürfen des Schönen nicht so sehr, um dadurch ergötzt zu werden, als das Schöne unsrer bedarf, um erkannt zu werden. Wir können sehr gut ohne die Betrachtung schöner Kunstwerke bestehen, diese aber können, als solche, nicht wohl ohne unsre Betrachtung bestehen. Jemehr wir sie also entbehren können, desto mehr betrachten wir sie um ihrer selbst willen, um ihnen durch unsre Betrachtung gleichsam erst ihr wahres volles Dasein zu geben. Denn durch unsre zunehmende Anerkennung des Schönen in einem schönen Kunstwerke, vergrößern wir gleichsam seine Schönheit selber, und legen immer mehr Werth hinein. Daher das ungeduldige Verlangen, daß alles dem Schönen huldigen soll, welches wir einmal dafür erkannt haben: je allgemeiner es als schön erkannt und bewundert wird, desto mehr Werth erhält es auch in unsern Augen. Daher das Mißvergnügen bei einem leeren Schauspielhause, wenn auch die Vorstellung noch so vortreflich ist. Empfänden wir das Vergnügen an dem Schönen mehr um unsert- als um sein selbst willen, was würde uns daran liegen, ob es von irgend jemand außer uns erkannt würde? Wir verwenden, wir beeifern uns für das Schöne, um ihm Bewundrer zu verschaffen, wir mögen es antreffen, wo wir wollen: ja wir empfinden sogar eine Art von Mitleid beim Anblick eines schönen Kunstwerks, das in den Staub darniedergetreten, von den Vorübergehenden mit gleichgültigem Blick betrachtet wird. —

Auch das süße Staunen, das *angenehme Verges-sen unsrer selbst* bei Betrachtung eines schönen Kunstwerks, ist ein Beweis, daß unser Vergnü-gen hier etwas Untergeordnetes ist, das wir freiwillig erst durch das Schöne bestimmt wer-den lassen, welchem wir eine Zeitlang eine Art von Obergewalt über alle unsre Empfindungen einräumen. Während das Schöne unsre Be-trachtung ganz auf sich zieht, zieht es sie eine Weile von uns selber ab, und macht, daß wir uns in dem schönen Gegenstande zu verlieren scheinen; und eben dies Verlieren, dies Verges-sen unsrer selbst, ist der höchste Grad des rei-nen und uneigennützigen Vergnügens, welches uns das Schöne gewährt. Wir opfern in dem Augenblick unser individuelles eingeschränk-tes Dasein einer Art von höherem Dasein auf. Das Vergnügen am Schönen muß sich daher immer mehr der uneigennützigen *Liebe* nä-hern, wenn es ächt sein soll. Jede specielle Be-ziehung auf mich in einem schönen Kunstwer-ke giebt dem Vergnügen, das ich daran emp-finde, einen Zusatz, der für einen andern verlo-ren geht; das Schöne in dem Kunstwerke ist für mich nicht eher rein und unvermischt, bis ich die specielle Beziehung auf mich ganz davon hinwegdenke, und es als etwas betrachte, das bloß um sein selbst willen hervorgebracht ist, damit es etwas in sich Vollendetes sei. — So wie nun aber die Liebe und das Wohlwollen dem edeln Menschenfreunde gewissermaßen zum Bedürfniß werden können, ohne daß er deswegen eigennützig werde; so kann auch dem Mann von Geschmack das Vergnügen am Schönen, durch die Gewöhnung dazu, zum Bedürfniß werden, ohne deswegen seine ursprüngliche Reinheit zu verlieren. Wir bedürfen des Schönen bloß, weil wir Gelegenheit zu haben wünschen, ihm durch Anerkennung seiner Schönheit zu huldigen.

Ein Ding kann also nicht deswegen schön sein, weil es uns Vergnügen macht, sonst müßte auch alles Nützliche schön sein; sondern was uns Vergnügen macht, ohne eigentlich zu nützen, nennen wir schön. Nun kann aber das Unnütze oder Unzweckmäßige unmöglich einem vernünftigen Wesen Vergnügen machen. Wo also bei einem Gegenstande ein äußerer Nutzen oder Zweck fehlt, da muß dieser in dem Gegenstande selbst gesucht werden, sobald derselbe mir Vergnügen erwecken soll; oder: ich muß *in den einzelnen Theilen desselben so viel Zweckmäßigkeit finden, daß ich vergesse zu fragen, wozu nun eigentlich das Ganze soll?* Das heißt mit andern Worten: ich muß an einem schönen Gegenstande nur um sein selbst willen Vergnügen finden; zu dem Ende muß der Mangel der äußern Zweckmäßigkeit durch seine innere Zweckmäßigkeit ersetzt sein; der Gegenstand muß etwas in sich selbst Vollendetes sein.

Ist nun die innere Zweckmäßigkeit in einem schönen Kunstwerke nicht groß genug, um mich die äußere darüber vergessen zu lassen; so frage ich natürlicher Weise: wozu das Ganze? Antwortet mir der Künstler: um dir Vergnügen zu machen; so frage ich ihn weiter: was hast du für einen Grund, mir durch dein Kunstwerk eher Vergnügen als Mißvergnügen zu erwecken? Ist dir an meinem Vergnügen so viel gelegen, daß du dein Werk mit Bewußtsein unvollkommner machen würdest, als es ist, damit es nur nach meinem vielleicht verdorbnen Geschmack wäre; oder ist dir nicht vielmehr an deinem Werke so viel gelegen, daß du mein Vergnügen zu demselben hinaufzustimmen suchen wirst, damit seine Schönheiten von mir empfunden werden? Ist das letztere, so sehe ich nicht ab, wie mein zufälliges Vergnügen der Zweck von deinem Werke sein könnte, da dasselbe durch dein Werk selbst erst in mir erweckt und bestimmt werden mußte. Nur in so fern du weißt, daß ich mich gewöhnt habe, an dem, was wirklich in sich vollkommen ist, Vergnügen zu empfinden, ist dir mein Vergnügen lieb; dies würde aber nicht so sehr bei dir in Betracht kommen, wenn es dir bloß um mein Vergnügen, und nicht vielmehr darum zu thun wäre, daß die Vollkommenheit deines Werks durch den Antheil, den ich daran nehme, bestätiget werden soll. Wenn das Vergnügen nicht ein *so sehr untergeordneter Zweck*, oder vielmehr nur eine natürliche Folge bei den Werken der schönen Künste wäre; warum würde der ächte Künstler es denn nicht auf so viele als möglich zu verbreiten suchen, statt daß er oft die angenehmen Empfindungen von vielen Tausenden, die für seine Schönheiten keinen Sinn haben, der Vollkommenheit seines Werks aufopfert? – Sagt der Künstler: aber wenn mein Werk gefällt oder Vergnügen erweckt, so habe ich doch meinen Zweck erreicht; so antworte ich: umgekehrt! Weil du deinen Zweck erreicht hast, so gefällt dein Werk, oder daß dein Werk gefällt, *kann vielleicht ein Zeichen* sein, daß du deinen Zweck in dem Werke selbst erreicht hast. War aber der eigentliche Zweck bei deinem Werke mehr das Vergnügen, das du dadurch bewürken wolltest, als die Vollkommenheit des Werks in sich selber; so wird mir eben dadurch der Beifall schon sehr verdächtig, den dein Werk bei diesem oder jenem erhalten hat.

„Aber ich strebe nur den Edelsten zu gefallen." – Wohl! Aber dies ist nicht dein letzter Zweck; denn ich darf noch fragen: warum strebst du gerade den Edelsten zu gefallen? Doch wohl, weil diese sich gewöhnt haben, an dem Vollkommensten das größte Vergnügen zu empfinden? Du beziehst ihr Vergnügen auf dein Werk zurück, dessen Vollkommenheit du dadurch willst bestätiget sehen. Muntre dich immer durch den Gedanken an den Beifall der Edlen zu deinem Werke auf; aber mache ihn selber nicht zu deinem letzten und höchsten Ziele, sonst wirst du ihn am ersten verfehlen. Auch

14

der schönste Beifall will nicht erjagt, sondern nur auf dem Wege mitgenommen sein. Die Vollkommenheit deines Werks fülle während der Arbeit deine ganze Seele, und stelle selbst den süßesten Gedanken des Ruhms in Schatten, daß dieser nur zuweilen hervortrete, dich aufs neue zu beleben, wenn dein Geist anfängt, laß zu werden; dann wirst du ungesucht erhalten, wornach Tausende sich vergeblich bemühen. Ist aber die Vorstellung des Beifalls dein Hauptgedanke, und ist dir dein Werk nur in so fern werth, als es dir Ruhm verschaft; so thu Verzicht auf den Beifall der Edlen. Du arbeitest nach einer eigennützigen Richtung: der Brennpunkt des Werks wird außer dem Werke fallen, du bringst es nicht um sein selbst willen, und also auch nichts Ganzes, in sich Vollendetes, hervor. Du wirst falschen Schimmer suchen, der vielleicht eine Zeitlang das Auge des Pöbels blendet, aber vor dem Blick des Weisen wie Nebel verschwindet.

Der wahre Künstler wird die höchste innere Zweckmäßigkeit oder Vollkommenheit in sein Werk zu bringen suchen; und wenn es dann Beifall findet, wird's ihn freuen, aber seinen eigentlichen Zweck hat er schon mit der Vollendung des Werks erreicht. So wie der wahre Weise die höchste mit dem Lauf der Dinge harmonische Zweckmäßigkeit in alle seine Handlungen zu bringen sucht; und die reinste Glückseligkeit, oder den fortdaurenden Zustand angenehmer Empfindungen, als eine sichre Folge davon, aber nicht als das Ziel derselben betrachtet. Denn auch die reinste Glückseligkeit will nur auf dem Wege zur Vollkommenheit *mitgenommen*, und nicht erjagt sein. Die Glückseligkeitslinie läuft mit der Vollkommenheitslinie nur parallel; sobald jene zum Ziele gemacht wird, muß die Vollkommenheitslinie lauter schiefe Richtungen bekommen. Die einzelnen Handlungen, in so fern sie bloß zu einem Zustande angenehmer Empfindungen abzwecken, bekommen zwar eine anscheinende Zweckmäßigkeit; aber sie machen zusammen kein übereinstimmendes harmonisches Ganze aus. Eben so ist es auch in den schönen Künsten, wenn der Begriff der Vollkommenheit oder des in sich selbst Vollendeten dem Begriff vom Vergnügen untergeordnet wird.

„Also ist das Vergnügen gar nicht Zweck"? — Ich antworte: was ist Vergnügen anders, oder woraus entsteht es anders, als aus dem Anschauen der Zweckmäßigkeit? Gäbe es nun etwas, wovon das Vergnügen selbst allein der Zweck wäre; so könnte ich die Zweckmäßigkeit jenes Dinges bloß aus dem Vergnügen beurtheilen, welches mir daraus erwächst. Mein Vergnügen selbst aber muß ja erst aus dieser Beurtheilung entstehen; es müßte also da sein, ehe es da wäre. Auch muß ja der Zweck immer etwas Einfacheres als die Mittel sein, welche zu demselben abzwecken: nun ist aber das Vergnügen an einem schönen Kunstwerke eben so zusammengesetzt, als das Kunstwerk selber, wie kann ich es denn als etwas Einfacheres betrachten, worauf die einzelnen Theile des Kunstwerks abzwecken sollen? Eben so wenig wie die Darstellung eines Gemäldes in einem Spiegel der Zweck seiner Zusammensetzung sein kann; denn diese wird allemal von selbst erfolgen, ohne daß ich bei der Arbeit die mindeste Rücksicht darauf zu nehmen brauche. Stellt nun ein angelaufner Spiegel mein Kunstwerk desto unvollkommner dar, je vollkommner es ist; so werde ich es doch wohl nicht deswegen unvollkommner machen, damit weniger Schönheiten in dem angelaufenen Spiegel verloren gehen? —

Die Sprache der Empfindungen

Aus: *Andreas Hartknopf.*
Eine Allegorie.

Hartknopf lehrte mich die Nacht lieben ohne den Tag zu scheuen, und den Tag ohne die Nacht zu scheuen. — Finsterniß und Licht — Tod und Leben — Ruhe und Bewegung — mußten in sanfter Mischung sich ineinander verschwimmen. —

Der Blick zum Himmel gekehrt, mußte sich von neuem Lichte gestärkt, wieder zur Erde senken — um Dort und Hier Gegenwart und Zukunft in schöne Harmonie miteinander zu vereinen. —

O wie ich damals an seinen Lippen hing — es war eine warme Sommernacht — wir saßen auf einem Rasenhügel — zu unsern Füßen rauscht' ein Bach, über uns hing ein grünes Gesträuch — in der Ferne sahe man das Kartheuserkloster — Der Himmel umschloß uns von oben —

So war alles zusammen bis auf den innersten Gedanken in unsrer Seele ein *vollendetes Ganze.*

Ich fühlte mein Daseyn zum erstenmale; fühlte mich in dieser großen Kette eingezwängt; sicher, fest, und unerschütterlich —

Ich ward zum erstenmal auf den *rechten Lebensfleck* geführt —

Ich lernte die große Weißheit:
Des Alles im Moment.
Ich ward zum neuen geistigen Leben gebohren.

Von dem Augenblick an war es ruhig in meiner Seele — Die tobenden Stürme des Ehrgeizes legten sich — die Furcht verschwand, die Hoffnung ward Zuversicht.

Die Stille der Seele hatte einen wohlthätigen Einfluß auf meinen Körper; mein Pulsschlag war wieder sanft und regelmäßig — leicht und ungehindert strömte das Blut in frohen Kreisen fort —

Mein kränklicher Körper ward durch die Seele geheilt; ich fühlte mich an Leib und Geiste neugebohren.

Diese Nacht war es, wo ich *Hartknopfen* dem Geiste nach kennen lernte. — Das heißt, sein Geist war mir nun gesichert, er mochte abwesend oder gegenwärtig, todt oder lebend seyn — Ich blickte durch den Geist in seine Augen, so wie ich vorher durch das Auge in seinen Geist geblickt hatte.

Unsere Zusammenkunft in dieser Nacht schien ein Werk des Zufalls — aber sie war es nicht — denn ich möchte doch nicht gern *die nothwendige Glückseligkeit* meines Lebens an etwas schuldig seyn, das sich eben so leicht nicht hätte fügen können, als es sich gefügt hat.

Nein, in eben dem ewigen Zusammenhange, worin mein ganzes Daseyn gegründet ist, worin ich mich so gesichert fühle — war auch jener Augenblick meines Lebens fest gegründet, wo sich *Hartknopfs* Seele gegen die meinige aufschloß; und ich weiß es gewiß, daß er mir nicht entgehen konnte.

Hartknopf fand mich der Mittheilung seines Geistes werth; welches er gewiß nicht gethan haben würde, wenn seine erste Lektion am *Steigerwald* bei mir nicht angeschlagen hätte — aber er sahe, daß meine Seele aufrichtig war; daß ich mich der thörichten Verstellung, und des thörichten Zwanges schämte; daß ich die Nacht nicht herausgegangen war, um zwischen der Natur und mir gleichsam eine feierliche Scene zu *veranstalten*; sondern daß ich dießmal einem lockenden Rufe gefolgt war, und daß mein Herz sich willig eröfnete, um den reinen Lichtstrohm aus ihr aufzunehmen.

Ich war so gestimmt, daß ich mich an der Figur eines Blattes auf den Wipfeln der Bäume ergötzen konnte, und alles aus meinen Gedanken verbannt war, was diese schöne Ordnung der Natur, die sich jetzt unverfälscht in mir abdrückte, hätte stören können.

Diese wohlthätige Stimmung bemerkte *Hartknopf* sogleich, und nutzte sie mit solcher

Macht, daß er, ehe ich es noch selbst wußte, eine neue Schöpfung in mir hervorgebracht hatte.

Das Licht hatte sich von der Finsterniß gesondert, der Morgen war angebrochen.

Das verwirrte Chaos der Ideen, die von Jugend auf in meine Seele geströmt waren, ordnete sich plötzlich zu einem schönen Ganzen.

Selbst das, was ich glaubte unnütz und umsonst gelernt, und in Büchern gelesen zu haben, fand hier seinen angewiesenen Platz — und da war nichts mehr, das nicht in den schönen Plan gehört hätte.

Die Fluthen, die vorher sich mit dem Erdreich vermischt, und es schlammicht und bodenloß gemacht hatten, sonderten sich jetzt in Meere und Flüsse, und stellten das Antlitz des Himmels dar, der sich darin spiegelte, und die Erde ward fest und hart, daß Menschen und Thiere drauf wandeln, und Bäume und Pflanzen drauf emporschießen konnten.

Wahrlich ich sage dir, es sey denn, daß jemand gebohren werde, aus dem Wasser und Geist, so kann er das Reich Gottes nicht sehen.

Wer nicht den ganzen Nutzen von dem, was er gelernt, gethan, gedacht, gelebt hat, in einen *Moment* zusammen ziehen kann, bei dem ist die neue Schöpfung noch nicht vorgegangen, und noch nicht alles so geordnet, wie es soll. —

Der *Moment* ist und bleibt der letzte Punkt, wohin alle Weißheit der Sterblichen streben kann und muß — alles andre ist Chimäre und Einbildung.

O wer leihet mir *Hartknopfs* Sprache, womit er in meine Seele rief: es werde Licht!

Wer lenkt meine Feder, daß sie nur ein schwaches Bild jener unnachahmlichen Sprache durch gemahlte Töne auf dem Papier entwerfe.

Göttliche Kunst, die du die Gedanken des schwachen Sterblichen auf kommende Geschlechter hinüber trägst — wenn sein Mund schon lange im Grabe verschlossen ist — o, wie engst du den Geist ein, der sich dir hingiebt; der den zusammengedrängten Lichtstrahl schwächt, damit er sich weit umher verbreite!

Der Buchstabe tödtet, aber der Geist macht lebendig.

Hartknopf nahm seine Flöte aus der Tasche, und begleitete das herrliche Recitativ seiner Lehren, mit angemeßnen Akkorden — er übersetzte, indem er phantasierte, die Sprache des Verstandes in die Sprache der Empfindungen: denn dazu diente ihm

die Musik.

Oft, wenn er den Vordersatz gesprochen hatte, so bließ er den Nachsatz mit seiner Flöte dazu.

Er athmete die Gedanken, so wie er sie in die Töne der Flöte hauchte, aus dem Verstande ins Herz hinein.

Bewafnetes Auge, bewafneter Mund, bewafnete Hand, pflegte er wohl zu sagen:

Der Tubus, die Flöte, und der Hammer.

Auf dem Klavier hat er sich manche verworrne Idee herausgespielt, und ins klare gebracht –

Sein Studium aber ging darauf, die Musik zur eigentlichen Sprache der Empfindungen zu machen, wozu sich die artikulirten Töne nicht so wohl schicken, als die unartikulirten, die das Ganze nicht erst zerstücken, um es dann wieder zusammenzufassen, sondern die es gleich, so wie es ist, ganz und in seiner Fülle lassen.

Er verstand die Kunst, durch die Musik auf die Leidenschaften zu wirken – darum trug er immer seine Flöte bei sich in der Tasche – und durch unablässige Uebung hatte er es so weit darin gebracht, daß er oft durch ein paar Griffe, die er, wie von ohngefähr that, aufgebrachte Gemüther besänftigen, Bekümmerte aufrichten, und den Verzagten neue Hoffnung einflößen konnte.

Es war weiter nichts künstliches bei der Sache, als daß der gewählte Ton grade eingreifen mußte, wo er sollte. – Und denn war es oft eine sehr simple Kadenz, oder Tonfall, welche die wunderbare Wirkung hervorbrachten.

Ein jeder wird einigemale wenigstens in seinem Leben die Bemerkung an sich gemacht haben, daß irgend ein sonst ganz unbedeutender Ton, den einer etwa in der Ferne hört, bei einer gewissen Stimmung der Seele, einen ganz wunderbaren Effekt auf die Seele thut; es ist, als ob auf einmal tausend Erinnerungen, tausend dunkle Vorstellungen mit diesem Tone erwachten, die das Herz in eine unbeschreibliche Wehmuth versetzen. –

Da hatte nun *Hartknopf* der Natur auf die Spur zu kommen, und das in Kunst zu verwandeln gesucht, was sich sonst nur zuweilen wie durch Zufall ereignet.

Freilich mußte er den schon etwas kennen, auf welchen seine Töne dergleichen Wirkung hervorbringen sollten – aber er lernte auch wieder durch die Wirkung, welche diese Töne machten, allmälig das Herz dessen immer besser kennen, mit dem er umging.

Das höchste in der Musik liegt in der Kenntniß ihrer einfachsten Elemente.

Hartknopf wäre ein großer Musikus gewesen, wenn er gleich nie hätte die Flöte blasen, und das Klavier spielen lernen.

Er verband aber mit Fleiß ein Blaseninstrument, mit einem Seiteninstrumente. – Das Blaseninstrument ist ganz Ausdruck der Empfindung, das Seiteninstrument schon zum Theil den Ideen geweiht – durch das Seiteninstrument entwickelte sich *Hartknopf*, was er durch Blaseninstrumente im Ganzen empfunden hatte.

Die Blaseninstrumente sind dem Herzen näher. —

Die Violine ahmet durch die geschleiften Töne die Blaseninstrumente nach, und macht gleichsam den Uebergang zwischen ihnen, und den mit immer wiederhohlten Unterbrechungen vibrirenden Seiteninstrumenten.

Daß durch gleiche Takttheile Ernst und Würde — durch ungleiche lebhafte Empfindungen — durch drei oder vier kurze Töne zwischen zwei längern, Frölichkeit — durch einen oder zwei kurze Töne vor einem langen Wildheit, Ungestüm — durch ♩♩𝄾 das Schwerfällige ausgedruckt wird — wie geht das zu? Worin liegt hier die Aehnlichkeit zwischen den Zeichen und der bezeichneten Sache?

Wer das herausbringt, der ist im Stande ein Alphabet der Empfindungssprache zu verfertigen, woraus sich tausend herrliche Werke zusammen setzen lassen. — Ist nicht die Musik der Sterblichen eine Kinderklapper, sobald sie sich nicht an die große Natur hält, sobald sie die nicht nachahmt?

Musik und Astronomie war *Hartknopfen* nahe miteinander verknüpft — Er lehrte mich in jener Nacht einen Theil der Astronomie bloß durch die unnachahmlichen Töne seiner Flöte — die eines Kenners Ohren gewiß würden beleidigt haben, weil sie so gar einfach waren.

Eigentlich geschahe dieß aber nur, weil er das Klavier nicht zur Hand hatte, durch das lehrte er sonst die meisten Wissenschaften und vorzüglich auch Lebensweißheit und Moral.

Über die bildende Nachahmung des Schönen

Wenn der griechische Schauspieler, in der Komödie des Aristophanes dem Sokrates auf dem Schauplatze, und der Weise ihm im Leben nachahmt: so ist das Nachahmen von beiden so sehr verschieden, daß es nicht wohl mehr unter einer und eben derselben Benennung begriffen werden kann: wir sagen daher der Schauspieler *parodierte* den Sokrates, und der Weise *ahmt ihm nach.*

Dem Schauspieler war es freilich nicht darum zu thun, dem Sokrates im Ernst nachzuahmen, sondern vielmehr nur, das Eigenthümliche desselben, oder seine *Individualität* in Gang, Miene, Stellung und Gebehrden, auf eine gewisse übertriebne Art, wodurch sie bei dem Zuschauer lächerlich werden sollte, *nachzubilden.* Weil dieß nun der Schauspieler mit Bewußtseyn, und gleichsam im Scherz that, so sagen wir: er parodierte den Sokrates.

Wäre aber der Schauspieler, den wir hier vor uns sehen, nicht Schauspieler, sondern irgend einer aus dem Volke, der dem Sokrates, welchem er sich innerlich schon ähnlich dünckte, nun auch im Äussern, in Gang, Stellung und Gebehrden, im *Ernst* nachzuahmen suchte; so würden wir von diesem Thoren sagen: er *äfft* dem Sokrates nach; oder, er verhält sich zum Sokrates ohngefähr so, wie der Affe, in seinen possierlichen Stellungen und Gebehrden, sich zum Menschen verhält.

Der Schauspieler also schließt den Weisen aus, und parodiert nur den Sokrates; denn die Weisheit läßt sich nicht parodieren: der Weise schließt in seiner Nachahmung den Sokrates aus, und ahmt in ihm nur den Weisen nach; denn die Individualität des Sokrates kann wohl parodiert und nachgeäfft, aber nie nachgeahmt werden. Der Thor hat keinen Sinn für die Weisheit und hat doch Nachahmungstrieb: er ergreift also, was ihm am nächsten liegt; äfft nach, um nicht nachahmen zu dürfen; trägt die ganze Oberfläche einer fremden Individualität auf die seinige über, und die Basis oder das Selbstgefühl dazu legt ihm seine Thorheit unter.

Wir sehen also aus dem Sprachgebrauch, daß *Nachahmen*, im edlern moralischen Sinn, mit den Begriffen von nachstreben und wetteifern fast gleichbedeutend wird; weil die Tugend, welche ich z. B. in einem gewissen Vorbilde nachahme, etwas Allgemeines, über die Individualität Erhabnes ist, das von jedermann, der darnach strebt, und also auch von mir sowohl, als von meinem Vorbilde, mit dem ich zu wetteifern suche, erreicht werden kann. Weil ich aber diesem Vorbilde doch einmal nachstehe, und ein gewisser Grad von edler Gesinnung und Handlungsweise mir ohne dasselbe vielleicht nicht so bald, oder gar nie denkbar geworden wäre: so nenne ich mein Streben nach einem gemeinschaftlichen Gute, das auch von meinem Vorbilde erst mußte errungen werden, eine Nachahmung dieses Vorbildes.

Ich ahme meinem Vorbilde nach; ich strebe ihm nach; ich suche mit ihm zu wetteifern. — Durch mein Vorbild ist mir bloß das Ziel höher, als von mir selbst, hinaufgesteckt. Nach diesem Ziele muß ich nun, nach meinen Kräften, auf meine Weise, streben; zuletzt mein Vorbild selbst vergessen, und suchen, wenn es möglich wäre, das Ziel noch weiter hinaus zu stecken.

Durch diese Gesinnung muß das Nachahmen im edlern moralischen Sinn erst seinen eigentlichen Werth erhalten. — Und es frägt sich nun: wie von diesem Nachahmen im moralischen Sinn, das Nachahmen in den schönen Künsten, oder von der Nachahmung des Guten und Edlen, die Nachahmung des Schönen unterschieden sey? —

Diese Frage muß sich alsdann von selbst beantworten, wenn wir die Begriffe von Schön und Gut, wiederum nach dem Sprachgebrauch, gehörig unterscheiden: denn daß dieser sie oft verwechselt, darf uns hier nicht kümmern, wo es beym Nachdenken über die Sache

bloß aufs Unterscheiden ankömmt; und nothwendig, so wie auf dem Globus, gewisse feste
Grenzlinien, die in der Natur selbst nicht statt
finden, gezogen werden müssen, wenn die Begriffe sich nicht wiederum eben so, wie ihre
Gegenstände, unmerklich ineinander verlieren
und verschwimmen sollen: ein getreuerer Abdruck der Natur können sie in diesem letztern
Falle seyn, aber das eigentliche Denken, welches nun einmal im Unterscheiden besteht,
hört auf.

Nun schließt sich aber im Sprachgebrauch das
Gute und Nützliche, so wie das Edle und Schöne, natürlich aneinander; und diese vier verschiednen Ausdrücke bezeichnen eine so feine
Abstufung der Begriffe, und bilden ein so zartes Ideenspiel, daß es dem Nachdenken schwer
werden muß, das immer ineinander sich unmerklich wieder Verlierende gehörig auseinander zu halten, und es einzeln und abgesondert
zu betrachten. So viel fällt demohngeachtet
deutlich in die Augen, daß das bloß Nützliche
dem Schönen und Edlen, mehr als das Gute,
entgegenstehe; weil durch das Gute vom bloß
Nützlichen zum Schönen und Edlen schon der
Übergang gemacht wird.

Wir denken uns z.B. unter einem nützlichen
Menschen einen solchen, der nicht sowohl an
und für sich selbst, als vielmehr nur in Beziehung auf irgend einen Zusammenhang von
Dingen ausser ihm, unsre Aufmerksamkeit

verdienet: der gute Mensch hingegen fängt schon an und für sich selbst betrachtet, an, unsre Aufmerksamkeit auf sich zu ziehen und unsre Liebe zu gewinnen; in so fern wir uns nehmlich denken, daß er, seinem innern Fonds von Güte nach, uns nie durch Eigennutz und Selbstsucht schaden, in den Zusammenhang von Dingen, worinn wir uns befinden, nicht leicht disharmonisch eingreifen, kurz, unsern Frieden nicht stören wird. — Der edle Mensch aber, zieht, für sich ganz allein, unsre ganze Aufmerksamkeit und Bewundrung auf sich; ohne alle Rücksicht auf irgend etwas ausser ihm, oder auf irgend einen Vortheil, der uns für unsre eigne Person aus seinem Daseyn erwachsen könnte.

Und weil nun der edle Mensch, um edel zu seyn, der körperlichen Schönheit nicht bedarf, so scheiden sich hier wiederum die Begriffe von Schön und Edel, indem durch das letzte die innre Seelenschönheit, im Gegensatz gegen die Schönheit auf der Oberfläche, bezeichnet wird. In so fern nun aber die äussre Schönheit zugleich mit ein Abdruck der innern Seelenschönheit ist, faßt sie auch das Edle in sich, und sollte es, ihrer Natur nach, eigentlich stets in sich fassen. Hiedurch hebt sich aber demohngeachtet der Unterschied zwischen schön und edel nicht wieder auf. Denn unter einer edlen Stellung denken wir uns z. B. eine solche, die zugleich eine gewisse innere Seelenwürde bezeichnet: irgend eine leidenschaftliche Stellung aber kann demohngeachtet immer noch eine schöne Stellung seyn, wenn gleich nicht eine solche innere Seelenwürde ausdrücklich dadurch bezeichnet wird; nur darf sie einem gewissen Grade von innerer Würde nie geradezu widersprechen; sie darf nie unedel seyn.

Hieraus erklärt sich nun zugleich beiläufig der Begriff vom edlen Stil in Kunstwerken jeder Art, welcher kein andrer ist, als derjenige, der zugleich mit eine innre Seelenwürde des hervorbringenden Genies bezeichnet. Ob nun gleich dieser edle Stil die andern untergeordneten Arten des Schönen nicht vom Gebiet des Schönen ausschließt, so schneidet er doch alles, was ihm geradezu entgegensteht, davon ab; er schließt das Unedle aus.

In so fern nun unter dem Edlen, im Gegensatz gegen das äussre Schöne, bloß die innre Seelenschönheit verstanden wird, können wir es auch, so wie das Gute, *in* uns selbst nachbilden. – Das Schöne aber, in so fern es sich dadurch vom Edlen unterscheidet, daß, im Gegensatz gegen das innre, bloß das äussre Schöne darunter verstanden wird, kann durch die Nachahmung nicht in uns herein-, sondern muß, wenn es von uns nachgeahmt werden soll, nothwendig wieder *aus uns herausgebildet* werden.

Der bildende Künstler kann z. B. die innre Seelenschönheit eines Mannes, den er sich in sei-

nem Wandel zum Vorbilde nimmt, ihm nach-
ahmend in sich übertragen. Wenn aber eben
dieser Künstler sich gedrungen fühlte, die innre Seelenschönheit seines Vorbildes, in so fern
sie sich in dessen Gesichtszügen abdrückt,
nachzuahmen: so müsste er seinen Begriff davon nothwendig aus sich herauszubilden und
ausser sich darzustellen suchen; indem er
nehmlich diese Gesichtszüge nicht geradezu
nachbildete, sondern sie gleichsam nur zu Hül-
fe nähme, um die in sich empfundne Seelenschönheit eines fremden Wesens auch ausser
sich wieder darzustellen.

Die eigentliche Nachahmung des Schönen unterscheidet sich also zuerst von der moralischen
Nachahmung des Guten und Edlen dadurch,
daß sie, ihrer Natur nach, streben muß, nicht,
wie diese, in sich hinein, sondern aus sich heraus zu bilden.

Wenden wir nun die Begriffe von Gut, Schön
und Edel wiederum auf den Begriff von Handlung an; so denken wir uns unter einer guten
Handlung eine solche, die nicht allein um ihrer
Folgen, sondern zugleich um ihrer Beweggründe willen, unsre Aufmerksamkeit erregen,
und unsern Beifall verdienen kann: bei der
Schätzung einer edlen Handlung vergessen wir
ganz die Folge, und sie scheinet uns allein
schon um ihrer Beweggründe, das ist, um ihrer
selbst willen, unsrer Bewundrung werth. Betrachten wir nun eine solche Handlung nach

ihrer *Oberfläche*, von der sie einen sanften Schein in unsre Seele wirft, oder nach der angenehmen Empfindung, die ihre blosse Betrachtung in uns erweckt; so nennen wir sie eine *schöne* Handlung: wollen wir aber ihren innern Werth ausdrücken, so nennen wir sie *edel*. Jede schöne *Handlung* aber muß nothwendig auch edel seyn: das Edle ist bei ihr die Basis oder der Fonds des Schönen, durch welches sie in unser Auge leuchtet. Durch den Mittelbegriff des Edeln also wird der Begriff des Schönen wieder zum Moralischen hinübergezogen und gleichsam daran festgekettet. Wenigstens werden dem Schönen dadurch die Grenzen vorgeschrieben, die es nicht überschreiten darf.

Da wir nun einmal genöthigt sind, uns den Begriff von der Nachahmung des eigentlichen Schönen, den wir nicht haben, aus dem Begriff von der moralischen Nachahmung des Guten und Edlen, den wir haben, zu entwickeln; und, da wir uns die eigentliche Nachahmung des Schönen, ausser dem Genuß der Werke selbst, die dadurch entstanden sind, gar nicht anders denken können, als in so fern sie sich von der bloß moralischen Nachahmung des Guten und Edlen unterscheidet: so müssen wir nun schon die Begriffe von nützlich, gut, schön, und edel, noch weiter in ihre feinern Abstufungen zu verfolgen suchen.

Dadurch also, daß z.B. die That des Mutius

Scaevola erwünschte Folgen hatte, wurde sie nicht im geringsten edler, als sie war; und würde auch, ohne den Erfolg, von ihrem innern Werth nichts verlohren haben: sie brauchte nicht *nützlich* zu seyn, um edel zu seyn; bedurfte des Erfolges nicht, eben weil sie ihren innern Werth in sich selber hatte: und wodurch anders hatte sie diesen Werth, als durch sich selbst, durch ihre Entstehung, durch ihr Daseyn?

Das Edle und Grosse der Handlung lag ja eben darinn, daß der junge Held, auf *jeden* Erfolg gefaßt, das Alleräusserste wagte, und, da es ihm mißlang, ohne Bedenken seine Hand in die lodernde Flamme streckte, ohne noch zu wissen, was sein Feind, in dessen Gewalt er war, über ihn verhängen würde. — So kann nur der handeln, welcher eine grosse That, deren Erfolg so äusserst ungewiß ist, *um dieser That selbst willen* unternimmt, wovon allein schon das grosse Bewußtseyn ihn für jeden mißlungnen Versuch schadlos hält.

Wäre Mutius, unter andern Umständen, bloß das Werkzeug eines Andern, dem er aus Pflicht gehorchte, zu einer ähnlichen That gewesen, und hätte sie, mit Beistimmung seines Herzens, vortreflich, und so wie er sollte, ausgeführt: so hätte er zwar noch nicht im eigentlichen Sinne edel, aber sehr gut gehandelt: denn obgleich seine Handlung auch schon vielen Werth in sich selber hat, so wird doch ihre Güte zugleich noch mit durch den Erfolg bestimmt.

Hätte aber eben dieser Mutius den Angriff auf den Feind seines Vaterlandes meuchelmörderischer Weise aus Privatrache und persönlichem Haß gethan, und sie wäre ihm nicht mißlungen: so hätte sie seinem Vaterlande, ohne gut und edel zu seyn, dennoch genützt, und hätte, ohne den mindesten innern Werth zu haben, dennoch *durch den Erfolg*, eine Art von äussrem Werth erhalten.

Wie nun das Gute zum Edlen, eben so muß das Schlechte zum Unedlen sich verhalten: das Unedle ist der Anfang des Schlechten, so wie das Gute der Anfang des Schönen und Edlen ist; und so wie eine bloß gute, noch keine edle, so ist eine bloß unedle deswegen noch keine schlechte Handlung. Und wie das Nützliche zum Guten, eben so verhält wiederum das Unnütze sich zum Schlechten; das Schlechte ist gleichsam der Anfang des Unnützen, so wie das Nützliche schon der Anfang des Guten ist. Wie das bloß Nützliche deswegen noch nicht gut ist, so ist auch das bloß Schlechte deswegen noch nicht unnütz.

Nun steigen die Begriffe von unedel, schlecht, und unnütz eben so herab, wie die Begriffe von nützlich, gut, und schön heraufsteigen. Von den heraufsteigenden Begriffen steht das Edle und Schöne auf der höchsten, so wie von den herabsteigenden das Unnütze auf der niedrigsten Stufe. Von allen diesen Begriffen nun stehen der vom Schönen und der vom Unnützen am weitesten voneinander ab, und scheinen sich am stärksten entgegengesetzt zu seyn; da wir doch vorher gesehen haben, daß das Schöne und Edle sich eben dadurch vom Guten unterscheidet, daß es nicht nützlich seyn darf, um schön zu seyn, und also der Begriff vom Schönen mit dem Begriff vom Unnützen oder nicht Nützlichen sehr wohl müßte zusammen bestehen können.

Hier zeigt es sich also, wie ein Zirkel von Begriffen sich zuletzt wieder in sich selbst verliert, indem seine beiden äussersten Enden gerade da wieder zusammenstossen, wo, wenn sie nicht zusammenstiessen, von einem zum andern der weiteste Weg seyn würde.

Der Begriff vom Unnützen nehmlich, in so fern es gar keinen Zweck, keine Absicht ausser sich hat, warum es da ist, schließt sich am willigsten und nächsten an den Begriff des Schönen an, in so fern dasselbe auch keines Endzwecks, keiner Absicht, warum es da ist, ausser sich *bedarf*, sondern seinen ganzen Werth, und den Endzweck seines Daseyns in sich selber hat.

In so fern aber nun das Unnütze nicht zugleich auch schön ist, fällt es auf einmal wieder am allerweitesten vom Begriff des Schönen bis unter das Schlechte hinab, weil es nun weder in sich noch ausser sich, eine Absicht hat, warum es da ist, und sich also gleichsam selbst aufhebt. Ist aber das Unnütze, oder dasjenige, was ausser sich keinen Endzweck seines Daseyns hat, warum es da ist, zugleich auch schön, so steigt es plötzlich auf die höchste Stufe der Begriffe bis über das Nützliche und Gute empor, indem es eben deswegen keines Endzwecks ausser sich bedarf, weil es in sich so vollkommen ist, daß es den ganzen Endzweck seines Daseyns in sich selbst hat.

Die drei aufsteigenden Begriffe von nützlich, gut und schön, und die drei absteigenden von unedel, schlecht und unnütz, bilden also aus dem Grunde einen Zirkel, weil die beiden äussersten Begriffe vom Unnützen und vom Schönen sich gerade am wenigsten einander ausschliessen; und der Begriff des Unnützen von dem einen, für den Begriff des Schönen von dem andern Ende, gleichsam die Fuge wird, in die es sich am leichtesten hineinstehlen, und unmerklich sich darin verlieren kann.

Steigen wir nun die Leiter der Begriffe herab, so verträgt sich schön und edel zwar mit unnütz, aber nicht mit schlecht und unedel; gut verträgt sich mit nicht edel, aber nicht mit schlecht und unnütz; nützlich mit schlecht und unedel, aber nicht mit unnütz; unedel mit gut und nützlich, aber nicht mit schön; schlecht mit nützlich, aber nicht mit schön und gut; unnütz mit schön, aber nicht mit gut und nützlich. — Die Begriffe müssen sich immer gerade da wieder entgegen kommen, wo sie am weitesten von einander abzuweichen, und sich zu verlassen scheinen.

Allein wir dürfen itzt dieß Ideenspiel nur so weit verfolgen, als es unserm Zweck uns näher führt, unsre Vorstellung von der Nachahmung des Schönen, durch den Begriff des Schönen aufzuhellen. Nun kann aber nur die Vorstellung von dem, was das Schöne *nicht zu seyn braucht*, um schön zu seyn, und was als überflüssig davon betrachtet werden muß, uns auf einen nicht unrichtigen Begriff des Schönen führen, indem wir uns alles, was nicht dazu gehört, um dasselbe her hinweg, und also wenigstens den wahren Umriß des leeren Raumes denken, wohinein das von uns Gesuchte, wenn es positiv von uns gedacht werden könnte, nothwendig passen müßte.

Da nun aus der vorhergegangenen Nebeneinanderstellung klar ist, daß die Begriffe von schön und unnütz nicht nur einander nicht ausschliessen, sondern sogar sich willig ineinander fügen: so muß das Nützliche offenbar an dem Schönen als überflüssig, und wenn es sich daran befindet, doch als zufällig, und als nicht dazu gehörig betrachtet werden, weil die wahre Schönheit, eben so wie das Edle in der Handlung, durch das Nützliche dabei weder vermehrt, noch durch den Mangel desselben auf irgend eine Weise vermindert werden kann.

Wir können also das Schöne im Allgemeinen auf keine andre Weise erkennen, als in so fern wir es dem Nützlichen entgegenstellen, und es davon so scharf wie möglich unterscheiden.

Eine Sache wird nehmlich dadurch noch nicht schön, daß sie nicht nützlich ist, sondern dadurch, daß sie nicht nützlich zu seyn *braucht*. Um nun aber die Frage zu beantworten, wie denn eine Sache beschaffen seyn müsse, damit sie nicht nützlich zu seyn brauche, müssen wir wiederum erst den Begriff des Nützlichen noch mehr zu entwickeln suchen.

Unter Nutzen denken wir uns nehmlich die Beziehung eines Dinges, als Theil betrachtet, auf einen Zusammenhang von Dingen, den wir uns als ein Ganzes denken. Diese Beziehung muß nehmlich von der Art seyn, daß der Zusammenhang des Ganzen beständig dadurch gewinnt und erhalten wird: je mehrere solcher Beziehungen nun eine Sache auf den Zusammenhang, worinn sie sich befindet, hat, um desto nützlicher ist dieselbe.

Jeder Theil eines Ganzen muß auf die Weise mehr oder weniger Beziehung auf das Ganze selbst haben: das Ganze, als Ganzes betrachtet, hingegen, braucht weiter keine Beziehung auf irgend etwas ausser sich zu haben. So muß jeder Bürger eines Staats eine gewisse Beziehung auf den Staat haben, oder dem Staate nützlich seyn; der Staat selbst aber braucht in so fern er in sich allein ein Ganzes bildet, weiter keine Beziehung auf irgend etwas ausser sich zu haben, und braucht also auch nicht weiter nützlich zu seyn.

Hieraus sehen wir also, daß eine Sache, um

nicht nützlich seyn zu dürfen, nothwendig ein für sich bestehendes Ganze seyn müsse, und daß also mit dem Begriff des Schönen der Begriff von einem für sich bestehenden Ganzen unzertrennlich verknüpft ist. — Daß aber dieß demohngeachtet noch nicht zum Begriff des Schönen hinreicht, sehen wir daraus, weil wir z.B. mit dem Begriff vom Staat, ob derselbe gleich ein für sich bestehendes Ganze ist, dennoch den Begriff der Schönheit nicht wohl verknüpfen können, indem derselbe *in seinem ganzen Umfange*, weder in unsern äussern Sinn fällt, noch von der Einbildungskraft umfaßt, sondern bloß von unserm Verstande gedacht werden kann.

Aus eben dem Grunde können wir auch mit dem ganzen Zusammenhange der Dinge den Begriff von Schönheit nicht eigentlich verknüpfen, eben weil dieser Zusammenhang, *in seinem ganzen Umfange*, weder in unsre Sinnen fällt, noch von unsrer Einbildungskraft umfaßt werden kann, gesetzt daß er auch von unserm Verstande gedacht werden könnte.

Zu dem Begriff des Schönen, welcher uns daraus entsprungen ist, daß es nicht nützlich zu seyn braucht, gehört also noch, daß es nicht nur oder nicht sowohl, ein für sich bestehendes Ganze wirklich sey, als vielmehr nur wie ein für sich bestehendes Ganze, *in unsre Sinne fallen*, oder von unsrer *Einbildungskraft umfaßt werden* könne.

Und so wie nun das Nützliche seine Grade hat, eben so muß sie auch das Schöne haben: je mehr Zusammenhang befördernde Beziehungen nämlich eine nützliche Sache auf den Zusammenhang, worinn sie sich befindet, hat, um desto nützlicher ist sie; und je mehrere solcher Beziehungen eine schöne Sache von ihren einzelnen Theilen zu ihrem Zusammenhange, das ist, zu sich selber, hat, um desto schöner ist sie.

So wie nun das Schöne, unbeschadet seiner Schönheit auch nützen kann, ob es gleich nicht um zu nützen da ist; so kann das Nützliche auch, unbeschadet seines Nutzens, in einem gewissen Grade schön seyn, ob es gleich nur um zu nützen da ist.

Allein es darf die Linie um kein Haarbreit überschreiten; so bald der Zweck des Nützlichen, wozu es da ist, unter der angemaßten Schönheit leidet, bleibt es weder schön noch nützlich mehr, sinkt unter sich selbst herab, und hebt sich selber auf.

Wenn das Schöne sich *an dem Nützlichen* befindet, muß es sich auch dem Nützlichen unterordnen — es ist nicht um sein selbst willen da — es dient das Nützliche aufzuschmücken — steigt also selbst zum Nützlichen herab, und fließt mit ihm zusammen. — Es giebt seine Ansprüche mit seinem Nahmen auf; tritt in gemessene Schranken; wird zur bescheidnen *Zierde*, zur simplen *Eleganz*.

Aus der höchsten Mischung des Schönen mit dem Edlen, da wo das äussere Schöne ganz in Ausdruck innrer Würde und Hoheit übergeht, erwächst der Begriff des Majestätischen. — Denken wir uns das Majestätische belebt, so muß es die Welt beherrschen, der Dinge Zusammenhang in sich fassen; der Erdkreis muß vor ihm sich beugen.

Wenn wir das Edle in Handlung und Gesinnung mit dem Unedlen *messen*, so nennen wir das Edle groß, das Unedle klein. — Und messen wir wieder das Grosse, Edle und Schöne nach der Höhe, in der es über uns, unsrer Fassungskraft kaum noch erreichbar ist, so geht der Begriff des Schönen in den Begriff des *Erhabnen* über.

In so fern aber nun in einem schönen Werke die mannichfaltigen Beziehungen der einzelnen Theile zum Ganzen, nicht nur oder nicht sowohl von unserm Verstande gedacht werden, als vielmehr nur in unsern *äussren Sinn* fallen, oder von unsrer *Einbildungskraft* umfaßt werden müssen, in so fern schreiben unsre *Empfindungswerkzeuge* dem Schönen wieder sein *Maaß* vor.

Sonst würde freilich der Zusammenhang der ganzen Natur, welcher zu sich selber, als zu dem größten uns denkbaren Ganzen, die meisten Beziehungen in sich faßt, auch für uns das höchste Schöne seyn, wenn derselbe nur einen

Augenblick von unsrer Einbildungskraft umfaßt werden könnte.

Denn dieser grosse Zusammenhang der Dinge
ist doch eigentlich das einzige, wahre Ganze;
jedes einzelne Ganze in ihm, ist, wegen der un-
auflößlichen Verkettung der Dinge, nur *eingebildet* — aber auch selbst dies Eingebildete
muß sich dennoch, als Ganzes betrachtet, jenem grossen Ganzen in unsrer Vorstellung
ähnlich, und nach eben den ewigen, festen Re-
geln bilden, nach welchen dieses sich von allen
Seiten auf seinen Mittelpunkt stützt, und auf
seinem eignen Daseyn ruht.

Jedes schöne Ganze aus der Hand des bildenden Künstlers, ist daher im Kleinen ein Abdruck des höchsten Schönen im grossen Ganzen der Natur; welche das noch *mittelbar* durch
die bildende Hand des Künstlers nacherschafft,
was unmittelbar nicht in ihren grossen Plan gehörte.

Wem also von der Natur selbst, der Sinn für
ihre Schöpfungskraft in sein ganzes Wesen,
und das *Maaß* des Schönen in Aug' und Seele
gedrückt ward, der begnügt sich nicht, sie anzuschauen; er muß ihr nachahmen, ihr nachstreben, in ihrer geheimen Werkstatt sie belau-
schen, und mit der lodernden Flamm' im Busen bilden und schaffen, so wie sie: —

Indem seine glühende Spähungskraft in das
Innre der Wesen dringt, bis auf den Quell der

44

Schönheit selbst, die feinsten Fugen löset; und auf der Oberfläche sie schöner wieder fügend, ihre edle Spur in weichen Ton eindrückt, in harten Stein sie bildet; oder auf flachem Grunde, mit trennender Spitze die Gestalt aus ihren Umgebungen sondert; durch kühnen Farbenanstrich die Masse selbst nachahmt; und durch Mischung von Licht und Schatten die Fläche dem Auge entgegen rückt.

Die Realität muß unter der Hand des bildenden Künstlers zur Erscheinung werden; indem seine durch den Stoff gehemmte Bildungskraft von innen, und seine bildende Hand von aussen, auf der Oberfläche der leblosen Masse zusammentreffen, und auf diese Oberfläche nun alles das hinübertragen, was sonst größtentheils vor unsern Augen sich in die Hülle der *Existenz* verbirgt, die durch sich selbst schon jede Erscheinung aufwiegt.

Von dem reellen und vollendeten Schönen also, was unmittelbar sich selten entwickeln kann, schuf die Natur doch *mittelbar* den Wiederschein durch Wesen in denen sich ihr Bild so lebhaft abdrückte, daß es sich ihr selber in ihre eigene Schöpfung wieder entgegenwarf. – Und so brachte sie, durch diesen verdoppelten Wiederschein sich in sich selber spiegelnd, über ihrer Realität schwebend und gauckelnd, ein Blendwerk hervor, das für ein *sterbliches* Auge noch reizender, als sie selber ist.

Und obgleich auch der Mensch an seinem

Platze in der Reihe der Dinge so beschränkt wie möglich ist, damit über ihm und unter ihm sich noch so viele verschiedne Arten des Daseyns, wie nur möglich sind, drängen mögen; so gab ihm dennoch die Natur, damit er in seiner Art so vollkommen wie möglich sey, ausser dem Genuß noch Bildungskraft; ließ ihn mit sich selbst wetteifern, und sich von ihm, damit keine Kraft in ihm unentwickelt bliebe, sogar dem Scheine nach, übertreffen.

Der Sinn aber für das höchste Schöne in dem harmonischen Bau des Ganzen, das die vorstellende Kraft des Menschen nicht umfaßt, liegt unmittelbar in der *Thatkraft* selbst, die nicht ehr ruhen kann, bis sie das, was in ihr schlummert, wenigstens irgend einer der vorstellenden Kräfte genähert hat. − Sie greift daher in der Dinge Zusammenhang, und was sie faßt, will sie der Natur selbst ähnlich, zu einem *eigenmächtig* für sich bestehenden Ganzen bilden. − Die Realität der Dinge, deren Wesen und Wirklichkeit eben in ihrer *Einzelnheit* besteht, widerstrebt ihr lange, bis sie das innre Wesen, in die Erscheinung aufgelöst, sich zu eigen macht, und eine eigne Welt sich schafft, worin gar nichts Einzelnes mehr statt findet, sondern jedes Ding in seiner Art ein für sich bestehendes Ganze ist.

Die Natur konnte aber den Sinn für das höchste Schöne nur in die Thatkraft pflanzen, und durch dieselbe erst mittelbar einen Abdruck dieses höchsten Schönen der Einbildungskraft faßbar, dem Auge sichtbar, dem Ohre hörbar, machen; weil der Horizont der Thatkraft mehr umfaßt, als der äussre Sinn, und Einbildungs- und Denkkraft fassen kann.

In der Thatkraft liegen nämlich *stets* die Anlässe und Anfänge zu so vielen Begriffen, als die Denkkraft nicht auf einmal einander *unterordnen*; die Einbildungskraft nicht auf einmal *nebeneinander stellen*, und der äussre Sinn noch weniger auf einmal in der *Wirklichkeit* ausser sich fassen kann.

Die Denkkraft muß sich, um dem, was die thätige Kraft in dunkler Ahndung *auf einmal* faßt, nachzukommen, so oft wiederholen, bis sie den ganzen Fonds von Anfängen und Anlässen zu Begriffen, der in der Thatkraft ihr unterliegt, erschöpft hat, und alsdann den Kreislauf von neuem beginnen kann. — Die Einbildungskraft muß noch weit öfter sich wiederholen, weil sie nicht ineinander- sondern *nebeneinanderstellend*, jedesmal um so weniger fassen kann. — Der äussre Sinn ist ein immerwährendes Wiederholen seiner selbst, weil er jedesmal nur so viel faßt, als in dem Horizonte, der undurchdringlich ihn umschließt, *wirklich* nebeneinander steht. — So wenig faßt der äussre Sinn, daß, um dem reichen Fonds von Anlässen zu Begriffen, die in der Thatkraft schlummern, nachzukommen, und alle zum Anschaun und zur Wirklichkeit zu bringen, kein Leben hinreicht, und so lange wir athmen, das Auge sich nimmer satt sieht, das Ohr sich nimmer satt hört.

Je lebhafter spiegelnd nun das Organ von der *dunkelahndenden* Thatkraft, durch die *unterscheidende* Denkkraft, und die *darstellende* Einbildungskraft, bis zu dem *hellsehenden* Auge, und dem *deutlich vernehmenden* Ohre, wird; um desto vollständiger und lebendiger werden zwar die Begriffe, aber um destomehr *verdrängen* sie sich auch, und *schliessen einander aus.* — Wo sie sich also am wenigsten einander ausschliessen, und ihrer am *meisten* nebeneinander bestehen können, das kann nur da seyn, wo sie am *unvollständigsten* sind, wo bloß ihre Anfänge oder ersten Anlässe zusammentreffen, die eben durch ihr Mangelhaftes und Unvollständiges, in sich selber den immerwährenden, unwiderstehlichen Reiz bilden, der sie zur vollständigen Wirklichkeit bringt.

Der Horizont der thätigen Kraft aber muß bei dem bildenden Genie *so weit, wie die Natur selber,* seyn: das heißt, die Organisation muß so fein gewebt seyn, und so unendlich viele *Berührungspunkte* der allumströmenden Natur darbieten, daß gleichsam die *äussersten Enden* von allen Verhältnissen der Natur im Großen, hier im Kleinen sich nebeneinander stellend, Raum genug haben, um sich einander nicht verdrängen zu dürfen.

Wenn nun eine Organisation von diesem feinern Gewebe, bei ihrer völligen Entwicklung, auf einmal in der dunklen Ahndung ihrer thätigen Kraft, ein *Ganzes* faßt, das weder in ihr Auge noch in ihr Ohr, weder in ihre Einbildungskraft noch in ihre Gedanken kam; so muß nothwendig eine Unruhe, ein Mißverhältniß zwischen den sich wägenden Kräften so lange entstehen, bis sie wieder in ihr Gleichgewicht kommen.

Bei einer Seele, deren bloß thätige Kraft schon das *edle, grosse Ganze* der Natur in dunkler Ahndung faßt, kann sich die deutlich erkennende Denkkraft, die noch lebhafter darstellende Einbildungskraft, und der am hellsten spiegelnde äussre Sinn, mit der Betrachtung des *Einzelnen* im Zusammenhange der Natur, nicht mehr begnügen.

Alle die in der thätigen Kraft bloß dunkel geahndeten Verhältnisse jenes grossen Ganzen, müssen nothwendig auf irgend eine Weise entweder sichtbar, hörbar, oder doch der Einbildungskraft faßbar werden: und um dieß zu werden, muß die Thatkraft, worinn sie schlummern, sie *nach sich selber, aus sich selber bilden.* — Sie muß alle jene Verhältnisse des grossen Ganzen, und in ihnen das höchste Schöne, wie an den Spitzen seiner Strahlen, in einen Brennpunkt fassen. — Aus diesem Brennpunkte muß sich, nach des Auges gemessener Weite, ein zartes und doch getreues Bild des höchsten Schönen ründen, das die vollkommensten Verhältnisse des grossen Ganzen der Natur, eben so wahr und richtig, wie sie selbst, in seinen kleinen Umfang faßt.

Weil nun aber dieser Abdruck des höchsten Schönen nothwendig an etwas haften muß, so wählt die bildende Kraft, durch ihre *Individualität* bestimmt, irgend einen sichtbaren, hörbaren, oder doch der Einbildungskraft faßbaren Gegenstand, auf den sie den Abglanz des höchsten Schönen im *verjüngenden* Maaßstabe überträgt. – Und weil dieser Gegenstand wiederum, wenn er *wirklich* das, was er darstellt, *wäre*, durch seine Bildung zu einem für sich bestehenden Ganzen, mit dem Zusammenhange der Natur, die ausser sich selber kein wirklich eigenmächtiges Ganze duldet, nicht ferner bestehen könnte: so führet uns dies auf den Punkt, wo wir schon einmal waren: daß jedesmal das innre Wesen erst in die Erscheinung sich verwandeln müsse, ehe es, durch die Kunst, zu einem für sich bestehenden Ganzen gebildet werden, und *ungehindert* die Verhältnisse des grossen Ganzen der Natur, in ihrem völligen Umfange spiegeln kann.

Da nun aber jene grossen Verhältnisse, in deren *völligem Umfange* eben das Schöne liegt, nicht mehr unter das Gebiet der Denkkraft fallen; so kann auch der *lebendige* Begriff von der bildenden Nachahmung des Schönen, nur im Gefühl der thätigen Kraft, die es hervorbringt, im ersten Augenblick der Entstehung statt finden, wo das Werk, als schon vollendet, durch alle Grade seines allmähligen Werdens, in dunkler Ahndung, auf einmal vor die Seele tritt, und in diesem Moment der ersten Erzeugung gleichsam vor seinem *wirklichen* Daseyn da ist; wodurch alsdann auch jener unnennbare Reiz entsteht, welcher das schaffende Genie zur immerwährenden Bildung treibt.

Durch unser Nachdenken über die bildende Nachahmung des Schönen, mit dem reinen Genuß der schönen Kunstwerke selbst vereint, kann zwar etwas jenem lebendigen Begriff Näherkommendes in uns entstehn, das den Genuß der schönen Kunstwerke uns erhöht. − Allein da unser höchster Genuß des Schönen dennoch das *Werden desselben aus unsrer eignen Kraft* unmöglich mit in sich fassen kann − so bleibt der einzige höchste Genuß desselben immer dem schaffenden Genie, das es hervorbringt, selber; und das Schöne hat daher seinen höchsten Zweck, in seiner Entstehung, in seinem Werden schon erreicht: unser *Nachgenuß* desselben ist nur eine *Folge* seines Daseyns − und das bildende Genie ist daher im grossen Plane der Natur, zuerst *um sein selbst*, und dann erst um unsertwillen da; weil es nun einmal ausser ihm noch Wesen giebt, die selbst nicht schaffen und bilden, aber doch das Gebildete, wenn es einmal hervorgebracht ist, mit ihrer Einbildungskraft umfassen können.

Die Natur des Schönen besteht ja eben darinn, daß sein innres Wesen ausser den Grenzen der

Denkkraft, in seiner Entstehung, in seinem eignen Werden liegt. Eben darum, weil die Denkkraft beim Schönen nicht mehr fragen kann, warum es schön sey? ist es schön. – Denn es mangelt ja der Denkkraft völlig an einem *Vergleichungspunkte*, wornach sie das Schöne beurtheilen, und betrachten könnte. Was giebt es noch für einen Vergleichungspunkt für das ächte Schöne, als den Inbegriff aller harmonischen Verhältnisse des grossen Ganzen der Natur, die keine Denkkraft umfassen kann? Alles einzelne hin und her in der Natur zerstreute Schöne, ist ja nur in so fern schön, als sich dieser Inbegriff aller Verhältnisse jenes grossen Ganzen mehr oder weniger darinn offenbart. – Es kann also nie zum Vergleichungspunkte für das Schöne der bildenden Künste, eben so wenig als der wahren Nachahmung des Schönen zum Vorbilde dienen; weil das höchste Schöne im Einzelnen der Natur immer noch nicht schön genug für die stolze Nachahmung der edlen und majestätischen Verhältnisse des großen Ganzen der Natur ist. – Das Schöne kann daher nicht erkannt, es muß hervorgebracht – oder *empfunden* werden.

Denn weil, in gänzlicher Ermanglung eines Vergleichungspunktes, einmal das Schöne kein Gegenstand unsrer Denkkraft ist, so würden wir, in so fern wir es nicht selbst hervorbringen können, auch seines Genusses ganz entbehren müssen, indem wir uns nie an etwas *halten* könnten, dem das Schönere näher käme, als das Minderschöne — wenn nicht etwas die Stelle der hervorbringenden Kraft in uns ersetzte, das ihr so nahe wie möglich kömmt, ohne doch sie selbst zu seyn: — dieß ist nun, was wir *Geschmack* oder Empfindungsfähigkeit für das Schöne nennen, die, wenn sie in ihren Grenzen bleibt, den Mangel des höhern Genusses bei der Hervorbringung des Schönen, durch die ungestörte Ruhe der stillen Betrachtung ersetzen kann.

Wenn nämlich das Organ nicht fein genug gewebt ist, um dem einströmenden Ganzen der Natur so viele Berührungspunkte darzubieten, als nöthig sind, um *alle* ihre grossen Verhältnisse vollständig im Kleinen abzuspiegeln, und nur noch ein Punkt zum Schluß des völligen Zirkels fehlt; so können wir statt der Bildungskraft nur Empfindungsfähigkeit für das Schöne haben: jeder Versuch, es ausser uns wieder darzustellen, würde uns mißlingen, und uns desto unzufriedner mit uns selber machen, je näher unser Empfindungsvermögen für das Schöne an das uns mangelnde Bildungsvermögen grenzt.

Weil nämlich das Wesen des Schönen eben in seiner *Vollendung* in sich selbst besteht, so schadet ihm der letzte fehlende Punkt, so viel als tausend, denn er verrückt alle übrigen Punkte aus der Stelle, in welche sie gehören. —

Und ist dieser *Vollendungspunkt* einmal verfehlt, so verlohnt ein Werk der Kunst der Mühe des Anfangs und der Zeit seines Werdens nicht; es fällt unter das Schlechte bis zum Unnützen herab, und sein Daseyn muß nothwendig durch die Vergessenheit, worinn es sinkt, sich wieder aufheben.

Eben so schadet auch dem in das feinere Gewebe der Organisation gepflanzten unvollendeten Bildungsvermögen, der letzte zu seiner Vollständigkeit fehlende Punkt, soviel als tausend. − Der höchste Werth, den es als Empfindungsvermögen haben könnte, kömmt bei ihm, als Bildungskraft, eben so wenig wie der geringste, in Betrachtung. Auf dem Punkte, wo das Empfindungsvermögen seine Grenzen überschreitet, muß es nothwendig unter sich selber sinken, sich aufheben, und vernichten.

Je vollkommner das Empfindungsvermögen für eine gewisse Gattung des Schönen ist, um desto mehr ist es in Gefahr sich zu täuschen, sich selbst für Bildungskraft zu nehmen, und auf die Weise durch tausend mißlungne Versuche, seinen Frieden mit sich selbst zu stören.

Es blickt z. B. beim Genuß des Schönen in irgend einem Werke der Kunst zugleich *durch das Werden* desselben, in die bildende Kraft, die es schuf, hindurch; und ahndet dunkel den höhern Grad des Genusses eben dieses Schönen, im Gefühl der Kraft, die mächtig genug war, es aus sich selbst hervorzubringen.

54

Um sich nun diesen höhern Grad des Genusses, welchen sie an einem Werke, das einmal schon da ist, unmöglich haben kann, auch zu verschaffen; strebt die einmal zu lebhaft gerührte Empfindung vergebens etwas Ähnliches aus sich selbst hervorzubringen; haßt ihr eignes Werk, verwirft es, und verleidet sich zugleich den Genuß alle des Schönen, das ausser ihr schon da ist, und woran sie nun eben deswegen, weil es ohne ihr Zuthun da ist, keine Freude findet. —

Ihr einziger Wunsch und Streben ist, des ihr versagten, höhern Genusses, den sie nur dunkel ahndet, theilhaftig zu werden: in einem schönen Werke, das ihr sein Daseyn dankt, mit dem Bewußtseyn von eigner Bildungskraft, sich selbst zu spiegeln. —

Allein sie wird ihres Wunsches ewig nicht gewährt, weil Eigennutz ihn erzeugte; und das Schöne sich nur um sein selbst willen von der Hand des Künstlers greifen, und willig und folgsam von ihm sich bilden läßt.

Wo sich nun in den schaffenwollenden Bildungstrieb, sogleich die Vorstellung vom *Genuß* des Schönen mischt, den es, wenn es vollendet ist, gewähren soll; und wo diese Vorstellung der *erste* und stärkste Antrieb unsrer Thatkraft wird, die sich zu dem, was sie beginnt, nicht an und durch sich selbst gedrungen fühlt; da ist der Bildungstrieb gewiß nicht rein: der

Brennpunkt oder Vollendungspunkt des Schönen fällt in die *Wirkung* über das Werk hinaus; die Strahlen gehen *auseinander*; das Werk kann sich nicht in sich selber ründen.

Dem höchsten Genuß des aus sich selbst hervorgebrachten Schönen sich so nah zu dünken, und doch darauf Verzicht zu thun, scheint freilich ein harter Kampf — der dennoch äusserst leicht wird; wenn wir aus diesem Bildungstriebe, den wir uns einmal zu besitzen schmeicheln, um doch sein Wesen zu veredeln, jede Spur des Eigennutzes, die wir noch finden, tilgen; und jede Vorstellung des Genusses, den uns das Schöne, das wir hervorbringen wollen, wenn es nun da seyn wird, durch das Gefühl von unsrer eignen Kraft, gewähren soll, so viel wie möglich, zu verbannen suchen: so daß wir, wenn wir es auch mit dem letzten Athemzuge erst vollenden könnten, es dennoch zu vollenden strebten. —

Behält alsdann das Schöne, das wir ahnden, bloß an und für sich selbst, in seiner Hervorbringung, noch Reiz genug unsre Thatkraft zu bewegen; so dürfen wir getrost unserm Bildungstriebe folgen, weil er ächt und rein ist. —

Verliert sich aber, mit der gänzlichen Hinwegdenkung des Genusses und der Wirkung, auch der Reiz — so bedarf es ja keines Kampfes weiter — der Frieden in uns ist hergestellt — und das nun wieder in seine Rechte getretne Empfindungsvermögen eröfnet sich, zum Lohne für sein bescheidnes Zurücktreten in seine Grenzen, dem reinsten Genuß von allem Schönen, der mit der Natur seines Wesens bestehen kann.

Freilich kann nun der Punkt, wo Bildungs- und Empfindungskraft sich scheidet, so äusserst leicht verfehlt und überschritten werden, daß es gar nicht zu verwundern ist, wenn immer tausend falsche, angemaßte Abdrücke des höchsten Schönen, gegen einen ächten, durch den falschen Bildungstrieb, in den Werken der Kunst entstehen.

Denn da auch die ächte Bildungskraft, sogleich bei der ersten Entstehung ihres Werks, auch schon den ersten, höchsten Genuß desselben, als ihren sichern Lohn, schon in sich selber trägt; und sich nur dadurch von dem falschen Bildungstriebe unterscheidet, daß sie den *allerersten* Moment ihres Anstosses durch sich selber, und nicht durch die Ahndung des Genusses von ihrem Werke, erhält; und weil in diesem Moment der *Leidenschaft* die Denkkraft selbst kein richtiges Urtheil fällen kann, so ist es fast unmöglich, ohne eine Anzahl mißlungner Versuche, dieser Selbsttäuschung zu entkommen.

Und selbst auch diese mißlungnen Versuche sind noch nicht immer ein Beweiß von Mangel an Bildungskraft, weil diese selbst da, wo sie ächt ist, oft eine ganz falsche Richtung nimmt,

indem sie vor ihre Einbildungskraft stellen
will, was vor ihr Auge, oder vor ihr Auge, was
vor ihr Ohr gehört.

Eben damit das ächte Schöne selten bleibe,
läßt die Natur die innwohnende Bildungskraft
nicht immer zur völligen Reife und Entwicklung kommen; oder sie läßt sie einen falschen
Weg einschlagen, auf dem sie sich nie entwik-
keln kann. Und eben damit das ächte Schöne
und Edle durch seinen seltnen Werth sich vom
Gemeinen und Schlechten scheide, läßt sie
auch aus dem angemaßten Bildungstriebe das
Gemeine und Schlechte in dem Maaß entstehen, als durch die Vielheit desselben die Sel-
tenheit des ächten Schönen desto glänzender
schimmern kann, ohne dadurch ganz verdrängt und überschwemmt zu werden.

In dem Empfindungsvermögen bleibt also stets
die Lücke, welche nur durch das Resultat der
Bildungskraft sich ausfüllt. – Bildungskraft
und Empfindungsfähigkeit verhalten sich zu
einander, wie Mann und Weib. Denn auch die
Bildungskraft ist bei der ersten Entstehung ihres Werks, im Moment des höchsten Genusses,
zugleich Empfindungsfähigkeit, und erzeugt,
wie die Natur, den Abdruck ihres Wesens aus
sich selber.

Empfindungsvermögen sowohl als Bildungskraft sind also in dem feinern Gewebe der Organisation gegründet, in so fern dieselbe in allen

ihren Berührungspunkten von den Verhältnissen des grossen Ganzen der Natur ein vollständiger oder doch fast vollständiger Abdruck ist.

Empfindungskraft sowohl als Bildungskraft umfassen *mehr* als Denkkraft, und die thätige Kraft, worinn sich beide gründen, umfaßt *zugleich* auch alles was die Denkkraft faßt, weil sie von allen Begriffen, die wir je haben können, die ersten Anlässe, stets sie aus sich herausspinnend, in sich trägt.

In so fern nun diese thätige Kraft alles, was nicht unter das Gebiet der Denkkraft fällt, *hervorbringend* in sich faßt, heisset sie Bildungskraft: und in so fern sie das, was ausser den Grenzen der Denkkraft liegt, der *Hervorbringung sich entgegen neigend* in sich begreift, heißt sie Empfindungskraft.

Bildungskraft kann nicht ohne Empfindung und thätige Kraft, die bloß thätige Kraft hingegen kann ohne eigentliche Empfindungs- und Bildungskraft, wovon sie nur die Grundlage ist, für sich allein statt finden.

In so fern nun diese bloß thätige Kraft ebenfalls in dem feinern Gewebe der Organisation sich gründet, darf das Organ nur überhaupt in allen seinen Berührungspunkten ein Abdruck der Verhältnisse des grossen Ganzen seyn, ohne daß eben der Grad der Vollständigkeit erfordert würde, welche die Empfindungs- und Bildungskraft voraussetzt.

Von den Verhältnissen des grossen Ganzen, das uns umgiebt, treffen nämlich immer so viele in allen Berührungspunkten unsres Organs zusammen; daß wir dies grosse Ganze dunkel in uns fühlen, ohne es doch selbst zu *seyn*: die in unser Wesen hineingesponnenen Verhältnisse jenes Ganzen streben, sich nach allen Seiten wieder auszudehnen: das Organ wünscht, sich nach allen Seiten bis ins Unendliche fortzusetzen. Es will das umgebende Ganze nicht nur in sich spiegeln, sondern so weit es kann, selbst dies umgebende Ganze seyn.

Daher ergreift jede höhere Organisation, ihrer Natur nach, die ihr untergeordnete, und trägt sie in ihr Wesen über. Die Pflanze den unorganisierten Stoff, durch bloßes Werden und Wachsen – das Thier die Pflanzen durch Werden, Wachsen und Genuß – der Mensch verwandelt nicht nur Thier und Pflanze, durch Werden, Wachsen und Genuß in sein innres Wesen; sondern faßt zugleich alles, was seiner Organisation sich unterordnet, durch die unter allen am hellsten geschliffne, *spiegelnde* Oberfläche seines Wesens, in den Umfang seines Daseyns auf, und stellt es, wenn sein Organ sich bildend in sich selbst vollendet, verschönert außer sich wieder dar.

Wo nicht, so muß er das, was um ihn her ist, durch *Zerstöhrung* in den Umfang seines wirklichen Daseyns ziehn, und verheerend um sich greifen, so weit er kann; da einmal die reine unschuldige Beschauung seinen Durst nach ausgedehntem wirklichen Daseyn nicht ersetzen kann.

Mit dem sich angeschliffnen Stahle seines eingeschränkten Daseyns nicht mehr froh, strebt er, ausser sich selber, ein grösseres Ganze, als er selbst, zu seyn; stellt sich, zu einem Volk, zu einem Staat sich bildend, mit Wesen seiner Art zusammen, um Wesen seines gleichen, die sich ihm unterordnend ihm nicht dienen, mit ihm nicht eins seyn wollen, zu zerstören. –

Er steht auf dem höchsten Punkte seiner Wirksamkeit; der Krieg, die Wuth, das Feldgeschrei, das höchste Leben, ist nah an den Grenzen seiner Zerstörung da. –

Kommen dann endlich die strebenden Kräfte wieder in ein glückliches Gleichgewicht; und macht die unruhige Wirksamkeit der stillen Beschauung Platz: so muß nothwendig in dem zum erstenmal in sich versunknen Menschen der Sinn für die umgebende Natur erwachen, die nie zerstört, als wo sie muß, und schonet, wo sie kann. – Er lernt allmälig das *Einzelne im Ganzen*, und in Beziehung auf das Ganze, sehen; fängt die grossen Verhältnisse dunkel an zu ahnden, nach welchen unzählige Wesen auf und ab, so wenig wie möglich sich verdrängen, und doch so nah wie möglich aneinanderstossen. –

Dann steigt in seinen ruhigsten Momenten die Geschichte der Vorwelt, das ganze wunderbare Gewebe des Menschenlebens in allen seinen Zweigen vor ihm auf. − In allem, was seine ruhige Einbildungskraft ihm spiegelt, sondert sich das Grosse und Edle vom Gemeinen, nach einem dunkelempfundnen Maaßstabe in ihm selber ab, und strebt aus ihm heraus. −

So geht die um sich greifende, zerstörende Thatkraft, sich auf sich selber stützend, in die sanfte schaffende Bildungskraft, durch ruhiges Selbstgefühl, hinüber, und ergreift den leblosen Stoff, und haucht ihm Leben ein.

Auf die Weise bildete unter jedem Himmelsstrich die Natur das Schöne, sich in den reinsten Seelen in ihren ruhigsten Momenten spiegelnd. −

Sie allein führt an ihrer Hand den bildenden Künstler, den Dichter, in ihr innerstes Heiligthum, wo sie dem sich neu entwickelnden Bildungstriebe, schon seit Jahrhunderten vorgearbeitet, und seine Bahn ihm vorgezeichnet hat.

Denn alles, was die Vorwelt erfunden, ist ja in den Umfang der Natur zurücktretend, mit ihr *eins* geworden, und soll mit ihr vereint, harmonisch auf uns wirken. − − Das Schöne der bildenden Künste steht, sobald es einmal da ist, mit auf ihrer grossen Stufenleiter, und will nicht mit ihr in ihren einzelnen Theilen verglichen, sondern in ihrem ganzen Umfange, als *zu ihr gehörend,* mitgedacht und -empfunden seyn.

Unser Naturgenuß soll durch die Betrachtung des Schönen in der Kunst verfeinert; und unser Gefühl für das Schöne in der Kunst soll wechselseitig durch den Genuß der schönen Natur *gestärkt,* und zugleich seine Grenzen ihm vorgezeichnet werden.

Strömt dann das Maaß der Empfindung über, und wird zur Bildungskraft, so ahmt es in jedem Einzelnen der Natur nicht mehr das Einzelne, und in dem höchsten Kunstwerke nicht das Kunstwerk, sondern die grosse Harmonie des mitempfundnen Ganzen nach, das sich in beiden abdrückt.

Der einmal aufgeweckte, ächte Bildungstrieb findet nichts Einzelnes in der Natur, das ganz ihm gnügte; auch selber das höchste Kunstwerk nicht, das, als der erste Abdruck des höchsten Schönen, doch immer nur Abdruck bleibt.

Das bildende Genie will, wo möglich, alle die in ihm schlummernden Verhältnisse jener grossen Harmonie, deren Umfang grösser, als seine eigne Individualität ist, *selbst umfassen:* das kann es nun nicht anders, als in *verschiednen Momenten,* schaffend, bildend, aus seiner eignen eingeschränkten Individualität gleichsam heraus, in ein Werk, das ausser ihm sich darstellt, hinüberschreitend, und *mit* diesem

Werke nun das *umfassend*, was seine Ichheit selber vorher nicht fassen konnte.

Allein der Anblick von dem reinsten Abdruck des höchsten Schönen in dem vollkommensten Kunstwerke, mußte dem Bildungstriebe den ersten Anstoß geben, bloß durch Gefühl der *Möglichkeit*, sich in einem Kunstwerke ausser sich selbst zu stellen, und das in einer *Folge von Momenten* bildend und schaffend zu umfassen, was keine Empfindung auffaßt, wofür das Selbstgefühl zu beschränkt ist, und die Ichheit keinen Raum hat.

Und jeder Stoff, den dann die Bildungskraft ergreift, wird jeden nachfolgenden Versuch vereiteln, denselben Stoff zu einem neuen Werke noch einmal eben so schön zu bilden.

Je mehrere Reize der Stoff an sich hat, um destomehr wird es den nachfolgenden Bildungstrieb in Verzweiflung setzen. Der falsche Bildungstrieb wird am ersten darnach haschen; Anfang, Mitte, und Ende tauschen; und dieß verzerrte, entstellte Ganze, das unverzerrt und unentstellt vor ihm schon da war, als sein eignes Werk betrachten, das ihm sein Daseyn dankt.

Dergleichen Nachäffungen des ächten Schönen könnten nie Beifall finden, wenn Empfindungsfähigkeit und Bildungskraft bei ihrer Entwicklung immer gleichen Schritt hielten, und nicht eine der andern ängstlich nach- oder vorzukommen strebte: denn da das Empfindungsvermögen, seiner Natur nach, so nah an die Bildungskraft grenzt, daß diese nur gleichsam die letzte Lücke ausfüllt, deren Ausfüllung dem Geschmack zur eignen Hervorbringung des Schönen aus sich selber fehlt; so muß auch die Empfindungsfähigkeit selbst schon den Sinn für das Schöne haben, das die Bildungskraft hervorbringen soll; sie muß sich mit dieser zugleich, *in ihrem Maaße*, auf gleiche Art entwickeln.

Das Schöne will eben sowohl bloß um sein selbst willen betrachtet und empfunden, als hervorgebracht seyn. — Wir betrachten es, weil es da ist, und mit in der Reihe der Dinge steht; und weil wir einmal betrachtende Wesen sind, bei denen die unruhige Wirksamkeit auf Momente der stillen Beschauung Platz macht.

Betrachten wir das Schöne nicht um sein selbst willen, sondern um erst unsern Geschmack dafür zu bilden, so bekömmt ja eben dadurch unsre Betrachtung schon eine eigennützige Richtung. Unser Urtheil ist uns alsdann mehr werth, als die Sache, worüber wir urtheilen: und statt daß also unsre Beurtheilungskraft, durch ruhige Betrachtung, sich erweitern sollte, wird vielmehr der Gesichtspunkt für das Schöne nach den zu engen Grenzen unsrer Fassungskraft sich verschieben müssen.

Der Geschmack, oder die Beurtheilung des Schönen, gehört ja eben so, wie das Schöne selbst, zu den Sachen, die wir nicht brauchen, sobald wir sie nicht kennen, und nicht entbehren, sobald wir sie nicht haben; deren Bedürfniß erst durch den Besitz entsteht, wo es sich durch sich selbst befriedigt: geht also das Bedürfniß vor dem Besitz vorher, so kann es nicht anders als eingebildet und erkünstelt seyn.

Was uns daher allein zum wahren Genuß des Schönen bilden kann, ist das, wodurch das Schöne selbst entstand; *vorhergegangne ruhige Betrachtung der Natur und Kunst, als eines einzigen grossen Ganzen*, das in allen seinen Theilen sich in sich selber spiegelnd, da den reinsten Abdruck läßt, wo alle Beziehung aufhört, in dem ächten Kunstwerke, das, so wie sie, in sich selbst vollendet, den Endzweck und die Absicht seines Daseyns in sich selber hat. —

Auf die Weise entstand, ohne alle Rücksicht auf Nutzen oder Schaden, den es stiften könnte, das Schöne der bildenden Künste in jeder Art, bloß um sein selbst und seiner Schönheit willen; und konnte auf keine andere Weise entstehen, weil der Begriff der Schönheit selbst schon jede Rücksicht auf Nutzen oder Schaden, seiner Natur nach, ausschließt; und der Begriff des Schädlichen auch bei der wirklichen Hervorbringung des Schönen sich von selbst aufhebt.

Denn suchen wir uns nun noch zuletzt den Begriff des Schädlichen näher zu entwickeln, so ist nur jede unvollkommnere Sache in so fern schädlich, als eine vollkommnere darunter leidet. — Das wirklich Vollkommnere kann daher nie dem Unvollkommnern; dem weniger Organisirten nie das höher Organisirte schaden.

Wir sagen: es ist schade um den Theil der Pflanzenwelt, den die hereinbrechende Fluth verschlingt; aber nicht um den, der, von der lebenden Welt zerstöhrt, in eine höhere Organisation hinüber geht: denn weit mehr Schade, als um die Pflanzenwelt, wäre es um die lebende Welt, wenn sie deswegen aufhören sollte, damit die ganze Pflanzenwelt unbeschädigt bliebe. —

Und weit mehr Schade, als um die unterjochte Thierwelt, wäre es wieder um die Menschenwelt, wenn diese deßwegen nicht statt finden sollte, damit alles übrige in dem Zustande seiner natürlichen Freiheit bliebe. —

So liesse sich nun weiter schliessen, daß es in der Menschenwelt auch mehr Schade um die überwiegende Stärke wäre, wenn diese deswegen nicht statt finden sollte, damit die Schwäche ihre Schwachheit nicht gewahr werde; als es um den schwächern Theil der Menschen schade ist, daß sie der Obermacht des Stärkern weichen, und ihre Schwäche empfinden müssen. —

Und daß es folglich auch wieder um das Schöne, welches am meisten um sein selbst willen da ist, weit mehr Schade wäre, wenn es deswegen vertilgt seyn sollte, damit keine unbefriedigte Sehnsucht dadurch entstehn, und keine thätige Kraft darunter erliegen könne; als es um die thätige Kraft schade ist, die unter der unbefriedigten Sehnsucht endlich erliegen muß; –

Da überdem das Schöne mit dem Leiden, das sein versagter Genuß erweckt, zusammengenommen, in unsrer Vorstellung erst seinen höchsten Reiz erhält, dem durch kein schöneres Opfer, als dieses, kann gehuldigt werden. –

Denn so wie die Liebe die höchste Vollendung unsres empfindenden Wesens ist, so ist die Hervorbringung des Schönen die höchste Vollendung unsrer thätigen Kraft – und die höchste Liebe muß wieder in Hervorbringung, in Zeugung, wo nicht in die süsseste Auflösung des liebenden Wesens hinüber gehn. –

Nun sind freilich die Begriffe von Aufopferung, Liebe und Sehnsucht selber viel zu süß, als daß wir sie wieder entbehren könnten, sobald wir sie einmal haben, oder ihr Daseyn nicht wünschen sollten, sobald wir sie einmal kennen. –

Es scheint nichts Höheres zu geben, dem die Aufopferung selbst wieder müßte aufgeopfert werden. – Und das Schöne hinwegwünschen, weil unter ihm die Stärke erliegt, hiesse auch, die Stärke hinwegwünschen, weil unter ihr die Schwäche erliegt; den Menschen, weil er mit zerstöhrender Hand die freie Thierwelt sich unterjocht; die ganze lebende Welt, weil sie unaufhörlich die unschuldige Pflanzenwelt zerstöhrt; und zuletzt auch die leblose Pflanzenwelt, weil sie die unzerstöhrbaren Theile des organisirten Stoffs, aus ihrer natürlichen Gleichheit reißt, und sie, durch die trügerische Bildung und Form zum erstenmale der Zerstöhrung unterwirft.

Das einfachste Pflanzengewebe muß für seinen Raub an den noch einfachern Elementen, schon durch Auflösung und Verwelkung; das geringste Lebende für seinen Raub an dem Organisirten, mit körperlichen Schmerzen und dem Tode; und die Menschheit für den Raub ihres höhern Daseyns, an der ganzen umgebenden Natur, mit dem Leiden der Seele büssen. − Und das Individuum muß dulden, wenn die *Gattung* sich erheben soll.

Die Menschengattung aber muß sich heben, weil sie den Endzweck ihres Daseyns nicht mehr ausser sich, sondern in sich hat; und also auch durch die Entwicklung aller in ihr schlummernden Kräfte, bis zur Empfindung und Hervorbringung des Schönen, *sich in sich selber vollenden muß.* − Zu dieser Vollendung aber gehört das duldende Individuum selber mit; dessen Duldung eben, wenn sie vorüber ist, durch die Darstellung zugleich in den höchsten Vollendungspunkt des Schönen mit hinüber geht. −

So lößt sich die Duldung in die Erscheinung auf, indem sie da, wo sie wirklich geduldet ward, nicht mehr empfunden, nicht mehr geduldet wird. –

Das individuelle Leiden in der Darstellung, geht in das erhabnere *Mitleiden* über, wodurch eben das Individuum aus sich selbst gezogen, und die Gattung wieder in sich selber vollendet wird.

Höher aber kann die Menschheit sich nicht heben, als bis auf den Punkt hin, wo sie durch das Edle in der Handlung, und das Schöne in der Betrachtung, das Individuum selbst aus seiner Individualität herausziehend, in den schönen Seelen sich vollendet, die fähig sind, aus ihrer eingeschränkten Ichheit, in das Interesse der Menschheit hinüber schreitend, sich in die Gattung zu verlieren.

Ehe sie aber bis dahin sich erhebt, muß die Duldung des Einzelnen vorhergehen. – Die Gattung ist mit dem Individuum, die Erscheinung mit der Wirklichkeit im ewigen Kampfe. –

Sobald die Erscheinung in der Gattung, über die Wirklichkeit in dem Individuum gesiegt hat, geht das bitterste Leiden, durch das über die Individualität erhabne Mitleid, in die süsseste Wehmuth über; und der Begriff des höchsten *Schädlichen* in der Wirklichkeit, lößt sich in den Begriff des höchsten Schönen in der Erscheinung, auf.

Und so wie jedes Schöne in der Erscheinung
nur in dem Maaße schön ist, als es nicht nütz-
lich zu seyn braucht, so ist es auch nur in dem
Maaße schön, als es, wenn es wirklich wäre,
schädlich seyn würde; und doch auch wieder
nicht schädlich seyn würde − in so fern das
Wort *schädlich* von untergeordneten, selbst der
Schönheit huldigenden Wesen ausgesprochen
wird, die nicht wünschen können, daß das
Schöne vertilgt seyn mögte, damit es keine
Zerstöhrung anrichte; sondern die Schuld der
Zerstöhrung von der Schönheit ab, auf die
Nothwendigkeit der Dinge, oder höhere Mäch-
te wälzen: wie der Greis Priamus beim Homer,
der die erhabne, selbst über den durch sie ge-
stifteten Jammer weinende Schönheit, mit
sanften Worten tröstet:

> Tochter, du bist nicht, die unsterblichen Götter
> sind schuldig,
> Welche den traurigen Krieg mir mit Achaja
> erregten.

Und die zürnenden Trojaner, welche die ver-
derbliche Ursach des Krieges laut verwün-
schen, können sich nicht enthalten, bei der An-
kunft des göttlichen Weibes, sich ins Ohr zu
flüstern:

> Wahrlich, sie sind nicht zu schelten, die schön
> gestiefelten Griechen,
> Und die Trojaner, um solch ein Weib so vieles zu
> dulden:
> Denn den Unsterblichen gleicht sie an Wuchs
> und schöner Gebehrde.

71

Der Kampf muß also durchgekämpft, das grosse Opfer muß dargebracht werden. – Das Geklirr der Waffen, und das Geschrei der Sterbenden muß gen Himmel tönen – Hektor muß fallen, und Hekuba ihr Haar zerraufen. –

Hat dann die Zeit über die Zerstöhrung ihre Furche hingezogen; so nimmt die Nachwelt den Jammer der Vorwelt in ihren Busen auf, und macht ihn, wie ein köstliches Kleinod, sich zu eigen, durch welches der Menschheit ihr dauernder Werth gesichert, und ihre edelste und zarteste Bildung vollendet wird.

Denn in der Duldung liegt der Kern zu jeder höhern Entwicklung; und die Freude selbst nimmt, wo sie am höchsten steigt, von der jungfräulichen Hoffnung und dem geliebten Kummer, mit süssen Thränen, Abschied. – Der freudige Stoff der Dichtkunst lößt sich in sich selber, der tragische in der Veredlung unsres Wesens durch das Mitleid, auf.

Je weniger wir nämlich das schadende und vernichtende Vollkommnere selbst vertilgt wünschen, und uns dennoch nicht enthalten können, vor der nahen, unvermeidlichen Vernichtung eines Wesens unsrer Art, zu zittern, um desto edler und reiner muß unser Mitleid werden, weil es mit keiner Bitterkeit und keinem Haß gegen die zerstöhrende Obermacht mehr vermischt ist, sondern ganz in sich selbst versunken, sich zu der unaufhaltbaren Thräne ründet, worinn unser ganzes mitleidendes Wesen, aus seinem zartesten Vollendungspunkte, sich aufzulösen und zu zerfliessen strebt.

Wir können aber das vernichtende Vollkommnere in so fern nicht vertilgt wünschen, als wir uns zugleich selbst in ihm doppelt vernichtet fühlen würden. –

Denn in so fern das Schöne alles Mangelhafte von sich ausschließt, begreift es auch alles Wirkliche in sich, das bloß durch sein Mangelhaftes sich von dem Schönen unterscheidet, und eben deswegen sich unwiderstehlich von ihm angezogen fühlt, und mit ihm eins zu seyn strebt, weil es in dem Schönen das *Ganze* erkennt, von dem es selber nur ein Theil ist.

Indem nun aber das Schöne alles Mangelhafte von sich ausschließt, und alles Wirkliche in sich begreift, ohne doch alles Wirkliche selbst zu seyn, findet es, selbst da, wo es wirklich ist, für jedes Individuum, das mit ihm nicht eins werden kann, immer nur in der Erscheinung statt.

Wenn nun bei diesem Individuum die Empfindung die Thatkraft überwiegt, und also die Thatkraft durch Zerstöhrung sich nicht rächen kann; so muß das Individuum für den Raub, den es durch die Erkenntniß des ihm unerreichbaren Schönen, an seiner Individualität begangen hat, mit Höllenqualen büssen.

Sisyphus wälzt den Stein — Tantalus lechzt nach der von seinen Lippen ewig weichenden Fluth. —

Allein die Qualen sind nur dem Individuum schrecklich, und werden in der Gattung schön — sobald daher die Gattung in dem Individuum sich vollendet, lößt sein Leiden sich von ihm ab, und geht in die Erscheinung, die Empfindung geht in die *Bildung* über — was von dem bildenden Wesen sich zerstöhrt, ist sein Phantom — das veredelte Daseyn bleibt zurück.

Eben diese Erscheinung aber faßt das alles in sich, was die Wirklichkeit hätte zerstöhren müssen, wenn sie nicht die Macht gehabt hätte, es von sich abzulösen, und bildend ausser sich darzustellen. — So wie jedes vollkommne Kunstwerk seinen Urheber, oder was ihn umgiebt, würde zernichtet haben, wenn es sich aus seiner Kraft nicht hätte entwickeln können.

In diesem Punkte treffen also Zerstöhrung und Bildung in eins zusammen. — Denn das höchste Schöne der bildenden Künste, faßt dieselbe Summe der Zerstöhrung, *ineinander gehüllt*, auf einmal in sich, welche die erhabenste Dichtkunst, nach dem Maaß des Schönen, *auseinander gehüllt*, in furchtbarer Folge uns vor Augen legt.

Ist es nicht die immerwährende Zerstöhrung des Einzelnen, wodurch die Gattung in ewiger Jugend und Schönheit sich erhält?

Und ist es nicht die durch die reinste Imagination zum Gott verkörperte Jugend und Schönheit selbst, welche mit sanftem Geschoß die Menschen tödtet; oder mit Köcher und Bogen zürnend einher tritt, düster und furchtbar, wie Schrecken der Nächte − den silbernen Bogen spannt − und die verderbenden Pfeile in das Lager der Griechen sendet? −

Sobald nämlich in der vollendeten Schönheit die Gattung sich selbst erblickt, kann sie das, worinn sie eigentlich erst sich selbst *besitzt*, nicht anders, als für das größte Kleinod halten, welches in so fern es nicht als Erscheinung, sondern als wirklich betrachtet wird, alles Einzelne aufwiegt.

Weil es nun von jedem als wirklich betrachtet werden kann, so wird das Einzelne dadurch gezwungen, sich wieder unter einander aufzuwiegen, damit sein verhältnißmässiger Werth gegen das Schöne *sichtbar* werde, der sich nicht anders, als durch die Zerstöhrung des Schwächern durch das Stärkre, und des Unvollkommnern, durch das Vollkommnere, zeigen kann.

Auf die Weise schreibt die Schönheit der Zerstöhrung selbst ihr edles Maaß vor − wo nicht, so regen die Zähne des Drachen sich in der lockern Erde − die Saat des Kadmus keimt in geharnischten Männern auf, die ihre Schwerdter gegen einander kehren, und eher vom Streit nicht ruhn, bis ihre Leiber wieder den Boden küssen.

Weil nun durch die Erscheinung der individuellen Schönheit dieselbe Summe der Zerstöhrung des Einzelnen, in einem kürzern Zeitraume, sichtbar wird, welche zur Erhaltung der immerwährenden Jugend und Schönheit, in der Gattung überhaupt, durch Alter und Krankheit, fast unmerklich ihren Fortschritt hält:

Und weil wir diese Zerstöhrung mit der individuellen Schönheit, durch welche sie unmittelbar bewirkt wird, uns zusammen denken:

So giebt das Schöne, in welches die Zerstöhrung selbst sich wieder auflößt, uns gleichsam ein Vorgefühl von jener grossen Harmonie, in welche Bildung und Zerstöhrung einst Hand in Hand, hinüber gehn.

Und die immerwährende Zerstöhrung des Schwächern durch das Stärkre, und des Unvollkommnern durch das Vollkommnere, scheint uns in eben dem Maaße, wie die unaufhörliche Bildung des Unvollkommnern zum Vollkommnern, dem ewigen Schönen *nachzuahmen*, das, über Zerstöhrung und Bildung selbst erhaben, in der Himmelswölbung und auf der stillen Meeresfläche ruhend, sich uns am reinsten darstellt. –

Allein unser Begriff des Schönen verliert sich zuletzt doch immer wieder in den Begriff der

Nachahmung von etwas, worinn das Vollendete sich wieder zu vollenden, und unser eignes Wesen, in jeder Äußrung seines Daseyns, uns unbewußt, sich aufzulösen strebt.

Wo nun die Auflösung eines Wesens unsrer Art, am unmittelbarsten durch die schönen Verhältnisse des Ganzen selbst bewirkt wird, und in der edelsten Bildung dieses Wesens selbst sich gründet, da scheinet in der Darstellung seiner Leiden, die immerwährende Auflösung unsres eignen Wesens, auf einige Augenblicke uns bewußt zu werden, indem uns dünkt, als ob, im schönen Wiederschein herbeigezaubert, ein Stück aus jenem grossen Zirkel vor uns schwebte, in welchen unsre kleinere Laufbahn sich einst verlieren wird. −

So vollendet die Liebe unser Wesen − das erhabnere Mitleid aber blickt thränend auf die Vollendung selbst herab − weil es Aufhören und Werden, Zerstöhrung und Bildung in eins zusammenfaßt.

Und wenn jemals ein schwacher Schimmer des über Zerstöhrung und Bildung erhabnen Schönen sich uns zeigen kann, so muß es auf dem Punkte seyn, wo es aus der über unserm Haupte schwebenden Zerstöhrung selbst uns wieder entgegen lächelt. −

Das Auge blickt dann, sich selber spiegelnd, aus der Fülle des Daseyns auf. −

Die Erscheinung ist mit der Wirklichkeit, die Gattung mit dem Individuum eins geworden. —

Tod und Zerstöhrung selbst verlieren sich in den Begriff der *ewig bildenden Nachahmung des über die Bildung selbst erhabnen Schönen*, dem nicht anders als, durch *immerwährend sich verjüngendes Daseyn*, nachgeahmt werden kann.

Durch dieß sich stets verjüngende Daseyn, *sind wir selber.*

Daß wir selber *sind*, ist unser höchster und edelster Gedanke. —

Und von sterblichen Lippen, läßt sich kein erhabneres Wort vom Schönen sagen, als: *es ist!*

Die Signatur des Schönen

In wie fern Kunstwerke
beschrieben werden können?

Als *Philomele* ihrer Zunge beraubt war, webte
sie die Geschichte ihrer Leiden in ein Gewand,
und schickte es ihrer Schwester, welche es aus
einander hüllend, mit furchtbarem Stillschwei-
gen, die gräßliche Erzählung* las.

Die stummen Charaktere sprachen lauter als
Töne, die das Ohr erschüttern, weil schon ihr
bloßes *Daseyn* von dem schändlichen Frevel
zeugte, der sie veranlaßt hatte.

Die Beschreibung war hier mit dem Beschrie-
benen eins geworden — die abgelößte Zunge
sprach durch das redende Gewebe.

Jeder mühsam eingewürkte Zug schrie laut um
Rache, und machte bey der mitbeleidigten
Schwester das mütterliche Herz zum Stein.

Keine rührende Schilderung aus dem Munde
irgend eines Lebendigen, konnte so, wie dieser
stumme Zeuge, wirken. —

Denn nichts lag ja dem Unglück der weinen-
den Unschuld *näher*, und war so innig damit

---

* Ovids *Verwandlungen*, im sechsten Buche. [Anm. von
Moritz]

verwandt, als eben dieß mühsame Werk ihrer Hände, wodurch sie allein ihr Daseyn kund thun, und ihre Leiden offenbaren konnte.

Eben darum konnte es seiner schrecklichen Wirkung nicht verfehlen.

So war dem unglücklichen Weibe des *Kollatinus* nichts *näher*, als ihr Gatte, und ihr Vater selbst, welche durch die bloße Erzählung ihres beweinenswerthen Schicksals, ein ganzes unterdrücktes Volk gegen die Macht der Tyranney empörten, und die erloschne Freyheitsliebe in aller Busen wieder weckten.

Mit seiner eignen, unschuldigen Tochter Blut bespritzt, durfte *Virginius* nur den Mund eröfnen, um alles zur lebhaftesten Theilnehmung an seiner Erzählung hinzureißen, und durch die einfachste Beschreibung der jammervollen Scene, konnte er dasselbe Volk noch einmal bewegen, das Joch der Knechtschaft von sich abzuschütteln.

Eben das nahe Band, welches den überlebenden Gatten und Vater an jenes Schlachtopfer der willkürlichen Herrschaft knüpfte, machte, daß die Erzählung, *zugleich mit der erzählten Sache*, auf die Gemüther wirkte, und bis ins Innerste sie erschütterte.

Denn aus den theuren Überlebenden flehte der Mund der Todten selbst die menschliche Natur um Mitleid an.

Aber wer kann dem Vater, wer dem Gatten nacherzählen? – wer so rührend *Philomelens* Unglück schildern, als das Tuch, worin sie selbst es würkte?

Daß sie es in dies Tuch würkte, macht ja selbst den rührendsten Zug in der Schilderung ihrer Leiden aus.

Und die Beschreibung durch Worte muß sich hier begnügen, das bloß *anzudeuten*, was durch sein Daseyn selber mehr als Worte sagt.

Wer den Schmerz des *Virginius* würdig beschreiben wollte, müßte entweder, wie der Schauspieler, streben, auf eine Zeitlang, durch ein künstliches Vergessen seiner selbst, und durch das darstellende Mitgefühl fremder Leiden, so viel wie möglich, selbst wieder dieser *Virginius* zu seyn.

Oder er müßte, wie der bildende Künstler, einem der fliehenden Momente Dauer geben, welcher deswegen am stärksten die Seel' erschütterte, weil in allem, was in ihm auf einmal sich dem Auge darstellt, immer eines durch das andre, so wie das Ganze durch sich selber, *redend* und *bedeutend* wird. Der Geschichtschreiber hebt, durch die einfache Erzählung des Vorhergehenden und Nachfolgenden, einen solchen Moment heraus; durch die simple Erwähnung der Umstände, welche die Begebenheit *veranlaßten*; durch die Beschreibung des *Eindrucks*, welchen der Anblick dieser Scene auf die Gemüther machte, und der *wichtigen* Folgen, welche dieser Eindruck nach sich zog.

Durch die Hand des bildenden Künstlers dargestellt, kann *Progne*, von dem aufgerollten Gewebe ihrer Schwester, auf den neben ihr stehenden schmeichelnden Knaben, einen Blick werfen, der den gräßlichen Vorsatz ihrer Seele schon in dem ersten Augenblick seiner Geburt enthüllt.

Das Vorhergehende und Nachfolgende dieses Moments, in so fern es noch durch Worte bezeichnet werden kann, bestimmt für die Imagination des bildenden Künstlers, in jedem Zuge den Ausdruck, der nun über allen fernern Ausdruck durch Worte erhaben ist, welche eben da aufhören müssen, wo das ächte Kunstwerk anfängt.

Denn darinn besteht ja eben das Wesen des Schönen, daß ein Theil immer durch den andern und das Ganze durch sich selber, redend und bedeutend wird − daß es sich selbst erklärt − sich durch sich selbst beschreibt − und also außer dem bloß andeutenden Fingerzeige auf den Inhalt, keiner weitern Erklärung und Beschreibung mehr bedarf.

So bald ein schönes Kunstwerk, außer diesem Fingerzeige, noch einer besondern Erklärung bedürfte, wäre es ja eben deswegen schon unvollkommen: denn das erste Erforderniß des Schönen ist ja eben seine *Klarheit*, wodurch es sich dem Aug entfaltet.

Das in die Hülle der Existenz, gleich dem elektrischen Funken, verborgne Schöne findet allenthalben statt, und dient der häßlichsten Oberfläche sehr oft zur Unterlage – wo also die Kunst es auf der Oberfläche darstellen will, muß sie es auch nothwendig *ganz* entwickeln, und es gleichsam aus sich selbst enthüllen.

Wo dann das ächte Schöne sich uns entfaltet, da ist es durch sich selbst die vollkommenste Erklärung der Vollkommenheit, die im Innern der Natur verborgen, unter tausend Gestalten lauscht, und mehr oder weniger sich unserm Blick entzieht.

Es ist eine deutliche Beschreibung dessen, was unsrer Sterblichkeit nur dunkel ahndet.

Das Licht, worinn sich uns das Schöne zeigt, kommt nicht von uns, sondern fließt von dem Schönen selber aus, und verscheucht auf eine Weile die Dämmrung um uns her. –

Darum fühlen wir beym Anblick des Schönen unser Herz und unsern Verstand erweitert, weil uns etwas von demjenigen sichtbar, und fühlbar zu werden scheint, was immer unsern forschenden Gedanken sich entzieht, welche durch die schwachen Laute der Sprache nur mühsam ihren Kreislauf beschreiben, und immer da in sich selbst wieder zurückfallen, wo sie ihren höchsten Gegenstand zu erreichen hofften.

Jemehr wir nehmlich, überhaupt beym Anblick der Natur, die Ursach in ihrer Wirkung, das innere Wesen der Dinge in ihren äußren Formen und Gestalten lesen, um desto befriedigter fühlen wir uns, und um desto vollkommner scheint uns das zu seyn, was durch seine äußere Form zugleich sein innres Wesen uns enthüllt.

Eben darum rührt uns die Schönheit der menschlichen Gestalt am meisten, weil sie die inwohnende Vollkommenheit der Natur am deutlichsten durch ihre zarte Oberfläche schimmern, und uns, wie in einem hellen Spiegel, auf den Grund unsres eignen Wesens, durch sich schauen läßt.

Die Nacktheit selber, welche jeden Mangel aufdeckt, und jedes andre Thier entstellt, ist bey dem Menschen das höchste Siegel der Vollendung seiner Schönheit, die allein ihrer Blöße sich nicht schämen darf, sondern, wie die Wahrheit, keinen edlern Schmuck, als sich selber kennt.

Denn die Nacktheit selbst entsteht ja aus der vollkommensten *Bestimmtheit* aller Theile, wodurch alles Zufällige von der vollendeten Bildung ausgeschlossen wird, und nur das Wesentliche auf der Oberfläche erscheint.

Sobald die Bildung nicht in allen Theilen so vollkommen bestimmt, und vollendet ist, daß sie das innre Wesen des Gebildeten allenthalben auf seiner Oberfläche durchschimmern läßt, findet auch bey der Entblößung, keine eigentliche Nacktheit statt.

Denn die letzte ins Auge fallende Oberfläche ist alsdann immer selbst schon wieder eine Art von Bekleidung, die das innre Wesen uns verdeckt. — Eben weil alsdann die Bildung nicht vollkommen bestimmt, und in sich selbst vollendet ist, sondern durch den Auswuchs von Schuppen, Haar, und Federn, gleichsam über sich hinausgeht — und eben dadurch immer mehr an Schönheit, und Bedeutsamkeit verliert, bis sie zuletzt in dem unbestimmtesten Wachsthum der Pflanze die harte Rinde um sich herzieht, die den Schatz von Vollkommenheit, den sie umschließt, am neidischsten unserm Blick entzieht.

So wie sich nehmlich mit der zunehmenden Bestimmtheit alles Ungebildete dem Gebildeten nähert; so nähert sich auch, mit der zunehmenden Zufälligkeit, das Gebildete immer mehr dem Ungebildeten.

Denn der Begriff des Unorganisierten ist mit dem Begriff des Zufälligen unzertrennlich verknüpft. —

Der Tropfen *fällt* dem Tropfen, der Staub dem Staube, *zu* — aber das Gebildete fällt nicht zu sich selber, sondern ist nur in so fern gebildet, als es durch die Bestimmtheit seiner Form, sich aus seiner nächsten Umgebung *sondert*, und das Zufällige von sich ausschließt.

Das Unorganisierte hingegen, welches dem Unorganisierten *zufällt*, wird ungehindert mit ihm eins, und zieht es mit sich zu Boden.

Der Regen strömt in Tropfen, in Flocken fällt der Schnee herab, die zueinanderfallend in eine Masse sich verlieren.

Die Zufälligkeit seiner Bildung drückt den harten Stein zur Erde nieder, und die Bestimmtheit ihrer Form treibt die Pflanze aus dem Schooß der Erd' empor.

Mit dem ersten Anfange der Bestimmtheit, und mit der schwächsten Ausschließung des Zufälligen, tritt der *Wachsthum* in die zarte Pflanze, wodurch sie in Blättern und Zweigen sich selbst verjüngt, und ihre erste einfachste Organisation so oft wiederholt, als ihr Wachsthum dauert.

Mit der völligen Bestimmtheit der Bildung, und Ausschließung alles Zufälligen, durch das nothwendige Beisammenseyn zweier symmetrischen Hälften, tritt die *Bewegung* in den Embryo, der sich den Fesseln seiner nächsten Umgebung entwindet, eben weil er, durch die Ausschließung alles *zur Erde drückenden Zufälligen*, nun seinen eignen Schwerpunkt, und die Achse seines Umdrehens in sich selber hat.

Und mit der allervollkommensten *Bestimmtheit* in der Gestalt des Menschen, die bis auf die feinsten Züge sich erstreckt, tritt endlich, in dem beweglichsten Theile des Organs, die *redende Stimme* selbst ein, welche als das Resultat der vollkommensten Bestimmtheit, nun auch alles übrige in der Natur *bestimmt*, und durch das Wort ihm seine Grenzen vorschreibt. —

Jemehr auf die Weise aus der harten, umgebenden Hülle das Zarte, Bewegliche sich entwickelt, um desto redender und bedeutender wird es durch sich selber — bis dahin, wo die allerzarteste Beweglichkeit, in dem eigentlichen Werkzeuge der Sprache, selbst zur Sprache wird. Denn da wo Mund und Wange lächeln, muß auch die Zunge verständlich reden. —

Eintönig rauschen die Blätter des Baumes vom Winde hin und her bewegt. —

Die Nachtigall singt auf seinen Zweigen ihr mannichfaltiges Lied. —

Indeß der junge Schäfer an seinen Stamm gelehnt, den Nahmen der Geliebten mit Entzükkung ausspricht, oder mit scharfer Spitze der wachsenden Rind' ihn einverleibt. —

Dieser unabänderliche *Nahme* belebt alle übrigen Laute seines Mundes, welche mit den abwechselnden Bewegungen seiner Seele gleichen Schritt halten, und mit der schwellenden Empfindung seines Busens steigen und fallen. —

Und ist es nicht derselbe Hauch der Luft, welcher in den Blättern des Baumes rauscht, in der Kehle der Nachtigall zu schmelzenden Tönen, und auf der redenden Lippe des Menschen zum verständlichen Laut sich bildet?

So ist nun bey dem bloß Wachsenden nichts als seine Bildung, bey dem Lebenden und Athmenden Bildung und Bewegung, bey dem Lebenden und Denkenden aber Bildung, Bewegung und Laut *bestimmt* — wodurch das Ganze in Harmonie sich auflöset — das Umfassende sich wieder selbst umfassend, mit leisem Tritt auf seiner Umgrenzung wandelt — und mit dem aufmerksamen Ohre, von der äußersten Zungenspitze, seines Wesens Wiederhall vernimmt. —

Hier ist es also, wo Bildung und Laut sich scheiden. — Durch das redende Organ beschreibt die menschliche Gestalt sich selber in allen *Äußrungen* ihres Wesens — da aber, wo das wesentliche Schöne selbst auf ihrer Oberfläche sich entfaltet, verstummt die Zunge, und macht der weisern Hand des bildenden Künstlers Platz.

Denn da, wo das denkende Gebildete in den äußersten Fingerspitzen sich in sich selbst vollendet, vermag es erst, das Schöne *unmittelbar* wieder außer sich darzustellen. — Indes die Zunge durch eine bestimmte Folge von Lauten jedesmal harmonisch sich hindurch bewegend nur *mittelbar* das Schöne umfassen kann; in so fern nehmlich die mit jedem Worte erweckten und nie ganz wieder verlöschenden Bilder, zuletzt eine *Spur* auf dem Grunde der Einbildungskraft zurücklassen, die mit ihrem vollendeten Umriß dasselbe Schöne umschreibt, welches von der Hand des bildenden Künstlers dargestellt, auf einmal vors Auge tritt.

Worte können daher das Schöne nicht eher beschreiben, als bis sie in der bleibenden Spur, die ihr vorübergehender Hauch auf dem Grunde der Einbildungskraft zurückläßt, *selbst wieder zum Schönen werden.* −

Dieß können sie aber nicht eher werden, als auf dem Punkte, wo die Wahrheit der Dichtung Platz macht, und die Beschreibung mit dem Beschriebnen eins wird, weil sie nicht mehr um des Beschriebnen willen da ist, sondern ihren Endzweck in sich selber hat; und also auch nicht ferner dazu dienen kann, uns eine Sache kenntlich zu machen, die wir noch nicht kennen; indem unsre ganze Aufmerksamkeit mehr auf die Beschreibung selbst, als auf die beschriebne Sache gezogen wird, die wir durch die Beschreibung nicht sowohl kennen lernen, als vielmehr sie in ihr *wieder erkennen* wollen.

Denn es ist offenbar, daß wir uns bei der Dichtung die Sachen um der Beschreibung willen, bei der Geschichte hingegen, die Beschreibung um der Sachen willen denken.

Bei der Beschreibung des Schönen durch Worte, müssen also die Worte, mit der Spur, die sie in der Einbildungskraft zurücklassen, zusammengenommen, selbst das Schöne seyn.

Und so müssen nun auch bei der Beschreibung des Schönen durch Linien, diese Linien selbst, zusammengenommen, das Schöne seyn, welches nie anders als durch sich selbst bezeichnet werden kann; weil es eben da erst seinen Anfang nimmt, wo die Sache mit ihrer Bezeichnung eins wird.

Die ächten Werke der Dichtkunst sind daher auch die einzige wahre Beschreibung durch Worte von dem Schönen in den Werken der bildenden Kunst, welches immer nur mittelbar durch Worte beschrieben werden kann, die oft erst einen sehr weiten Umweg nehmen, und manchmal eine Welt von Verhältnissen in sich begreifen müssen, ehe sie auf dem Grunde unsers Wesens dasselbe Bild vollenden können, das von außen auf einmal vor unserm Auge steht.

Man könnte in diesem Sinne sagen: das vollkommenste Gedicht sey, seinem Urheber unbewußt, zugleich die vollkommenste Beschreibung des höchsten Meisterstücks der bildenden Kunst, so wie dieß wiederum die Verkörperung oder verwirklichte Darstellung des Meisterwerks der Phantasie; — wenn wir nur einen Augenblick auf den Grund unsers Wesens schauen, und dort die Spur uns erklären könnten, welche nach Lesung des Homer dieselbe Empfindung des Schönen in uns zurückläßt, die der Anblick des höchsten Kunstwerks unmittelbar in uns erweckt.

So viel fällt demungeachtet deutlich in die Augen, daß die zurückgelaßne Spur von irgend einer Sache, von dieser Sache selbst so unendlich verschieden seyn könne, daß es zuletzt fast unmöglich wird, die Verwandtschaft der Spur mit der Gestalt des Dinges, wodurch sie eingedrückt ward, noch ferner zu errathen. − So wie denn jede sich fortbewegende Spitze einerlei Spur zurückläßt, die übrige Gestalt des Dinges, woran sie befindlich ist, mag auch beschaffen seyn, wie sie wolle.

Das Allerverschiedenste kann daher immer in der *letzten* Spur, die es von sich zurückläßt, sich wieder gleich werden; wie denn alles was da ist, sich auf dem Punkte gleich wird, wo seine äußersten Spitzen in unserm Denken zusammentreffen, und dort eine gemeinschaftliche Spur von sich zurücklassen, die mit nichts außer sich mehr Ähnlichkeit hat, und eben daher von allem was da ist, ohne Hinderung sagen kann: es ist.

Auf die Weise kann nun auch auf dem Grunde der Einbildungskraft, da, wo die in ihr erweckten Bilder ihre letzte, leiseste Spur zurücklassen, durch das Zusammentreffen aller dieser Spuren etwas von allen den einzelnen Bildern ganz Verschiednes entstehen, das bloß die reinsten Verhältnisse in sich faßt, nach welchen das ganz von einander Verschiedne sich um und zu einander bewegt.

Nun giebt es aber in der ganzen Natur keine so sanften und reinen Bewegungen von Linien um und zu einander, als in der Bildung des Auges selbst, in dessen umschatteter Wölbung Himmel und Erde ruht, während daß es das Allerverschiedenste in seinen reinsten Verhältnissen in sich faßt. –

Daher kömmt nichts unter allem Sichtbaren dem Sehenden selbst an Schönheit gleich, und die sanfte Spur des Sehenden in seine ganze Umgebung verhältnißmäßig eingedrückt, ist von allem Sichtbaren allein vermögend, uns *unmittelbar* Liebe und Zärtlichkeit einzuflößen.

Nun gründet sich aber der Genuß des Schönen stets auf Liebe und Zärtlichkeit, in so fern es uns jedesmal auf eine Weile aus uns selber zieht, und macht, daß wir über seinem Anschaun uns selbst vergessen. –

Da nun unter allem Sichtbaren nichts fähig ist, uns *unmittelbar* Liebe und Zärtlichkeit einzuflößen, als die reinsten Verhältnisse in der vollendeten Gestalt des Sehenden; so scheinet es, als müßten wir jedesmal diese Verhältnisse auf eine oder die andre Weise, in uns oder außer uns, *wieder erkennen*, so oft wir dem Schönen zu huldigen uns gedrungen fühlen.

Und wo könnten auch wohl die unzähligen Widersprüche, die wir im Kleinen und im Großen wahrnehmen; der Druck der Ungleichheit, die Entzweiung des Gleichen; der Raub des Eingreifenden, der Neid des Ausschließenden; die Verdrängung des Mächtigen, die Rachsucht des Verdrängten; die Empörung des Niedrigen; der Fall des Erhabnen; und alle die gegen einander streitenden Kräfte sich endlich in eine sanftere Harmonie verlieren, als in den reinsten Verhältnissen der Bildung, welche zuletzt alle diese Widersprüche in sich selber auflößt und vereinigt? –

In welcher der Druck des Ungleichen seine Tyrannei; die Entzweiung des Gleichen ihre abneigende Feindschaft; der Raub des Eingreifenden seine zerstörende Gewaltsamkeit; der Neid des Ausschließenden, die Verdrängung des Mächtigen ihre Ungerechtigkeit; die Rachsucht des Verdrängten ihre Unversöhnlichkeit; die Empörung des Niedrigen ihren Haß, und der Fall des Erhabnen seine Schmach verliert. –

Wo das Auge, durch die höchste und tiefste seiner Spuren, Stirn und Wange scheidend, den denkenden Ernst vom jugendlichen, lächelnden Leichtsinn sondert; indem es in dunkler Umschattung hinter dem Schimmer der Morgenröthe hervortritt, und durch die Wölbung von oben seinen Glanz verdeckt; während daß die Scheidung des Gewölbten über ihm in den einander entgegenkommen-

den Augenbraunen sich sanft zu einander neigend, die Wiedervermählung des Getrennten
in jedem untergeordneten Zuge vorbereitet,
und der ganzen sich herabsenkenden Umgebung, bis zu den Spitzen der Zehen, die immerwährende Spur von Scheidung und von
Wölbung eindrückt.

So sinkt die erhabne Wölbung der Stirn, gerade da, wo sie durch das Emporragende zwischen Aug' und Wangen sich am merklichsten
fortpflanzt, auf einmal, unbeschadet ihrer Hoheit, bis zu dem leisesten, verlohrensten Zuge
des Mundes herab, dessen sanftgebogener
Rand wiederum auf der stützenden Wölbung
des Kinnes ruht, das durch sich selbst empor-
getragen, und in sich ruhend, seinen eignen
Umriß um sich selber zieht. –

In dieser sanften Hinabsenkung des Gewölbten
wird endlich der trennende *Zwiespalt* selber
doppelt und vierfach schön, weil nur durch ihn
die völlige Entfaltung des Eingewickelten,
nach einem *bestimmten Maaße*, sich vollenden
kann. –

Nach welchem Maaße das Auseinandertreten-
de dem sich Entgegenneigenden, das Abspring-
ende dem sich Einfügenden, das sich Entfer-
nende dem sich Annähernden, nichts an
Schönheit nachgiebt, aus keinem andern
Grunde, als weil das Abweichende mit dem
sich Entgegenkommenden, die Entfernung mit

der Annäherung *einerley nothwendigen Ur-sprung* hat.

Dieser *Ursprung* ist es, welcher durch keinen bestimmten Laut dem Ohre vernehmbar wird: er bezeichnet sich aber durch die *sichtbare* Auf-lösung des Widerspruchs in der sanftesten Trennung des Zusammengefügten, und der in-nigsten Zusammenfügung des Getrennten.

Wir kommen also wiederum auf den Punkt zu-rück, daß die Werke der bildenden Künste selbst schon die vollkommenste Beschreibung ihrer selbst sind, welche nicht noch einmal wie-der beschrieben werden kann.

Denn die Beschreibung durch Konturen ist ja an sich selbst schon bedeutender und bestimm-ter, als jede Beschreibung durch Worte.

Umrisse *vereinigen*, Worte können nur ausein-ander sondern; sie schneiden in die sanfteren Krümmungen der Konturen viel zu scharf ein, als daß diese nicht darunter leiden sollten.

Winckelmanns Beschreibung vom Apollo im Belvedere zerreißt daher das Ganze dieses Kunstwerks, sobald sie unmittelbar darauf an-gewandt, und nicht vielmehr als eine bloß poe-tische Beschreibung des Apollo selbst betrachtet wird, die dem Kunstwerke gar nichts angeht.

Diese Beschreibung hat daher auch der Be-trachtung dieses erhabenen Kunstwerks weit mehr geschadet, als genutzt, weil sie den Blick vom Ganzen abgezogen, und auf das Einzelne geheftet hat, welches doch bei der nähern Betrachtung immermehr verschwinden, und in das Ganze sich verlieren soll.

Auch macht die Winckelmannsche Beschreibung aus dem Apollo eine Komposition aus Bruchstücken, indem sie ihm eine Stirn des Jupiters, Augen der Juno, u.s.w. zuschreibt; wodurch die Einheit der erhabnen Bildung entweihet, und ihr wohlthätiger Eindruck zerstört wird.

Eben so unzweckmäßig wie es nun seyn würde, die Schönheiten eines Gedichts nach der Reihe zu beschreiben, statt das Gedicht selbst vorzulesen, oder den Gang einer vortrefflichen Musik die man hören kann, mit Worten schildern zu wollen, eben so vergeblich und zweckwidrig ist es auch, Kunstwerke, die man im Ganzen sehen kann, nach ihren *einzelnen Theilen* im eigentlichen Sinne zu beschreiben.

Wenn über Werke der bildenden Künste, und überhaupt über Kunstwerke etwas Würdiges gesagt werden soll, so muß es keine bloße Beschreibung derselben nach ihren einzelnen Theilen seyn, sondern es muß uns einen *nähern Aufschluß über das Ganze und die Nothwendigkeit seiner Theile geben.*

Über die Allegorie

In so fern eine Figur sprechend ist, in so fern sie bedeutend ist, nur in so fern ist sie schön. −

Dieß Sprechende und Bedeutende muß aber ja in dem rechten Sinne genommen werden: Die Figur, in so fern sie schön ist, soll nichts bedeuten, und von nichts sprechen, was *außer* ihr ist, sondern sie soll nur von sich selber, von ihrem innern Wesen durch ihre äußere Oberfläche gleichsam sprechen, soll durch sich selbst bedeutend werden.

Daher wird durch *bloß* allegorische Figuren, die Aufmerksamkeit, in Rücksicht auf die schöne Kunst, zerstreuet, und von der Hauptsache abgezogen.

Sobald eine schöne Figur noch etwas außer sich selbst anzeigen und bedeuten soll, so nähert sie sich dadurch dem bloßen Symbol, bey dem es, so wie bey dem Buchstaben, womit wir schreiben, auf eigentliche Schönheit nicht vorzüglich ankömmt. −

Das Kunstwerk hat alsdann nicht mehr seinen Zweck bloß in sich selbst, sondern schon mehr nach außen zu.

Das wahre Schöne besteht aber darin, daß eine Sache bloß sich selbst bedeute, sich selbst be-

zeichne, sich selbst umfasse, ein in sich vollendetes Ganze sey.

Ein Obelisk bedeutet — die Hieroglyphen daran bedeuten, etwas nach außen zu, das sie
nicht selber sind, und erhalten bloß durch diese
Bedeutung ihren Werth — weil sie sonst an sich
selber ein müssiges Spielwerk wären. —

Soll nun ein schönes Kunstwerk *bloß* deswegen
da seyn, damit es etwas außer sich andeute, so
wird es ja dadurch selbst gleichsam zur *Neben-
sache* — und bey dem Schönen kömmt es doch
immer darauf an, daß es selbst die Hauptsache
sey. —

Die Allegorie muß also, wenn sie statt findet,
immer nur untergeordnet, und mehr zufällig
seyn; sie macht niemals das Wesentliche oder
den eigentlichen Werth eines schönen Kunstwerks aus. —

Wenn der Borghesische Fechter z. B. auch außer sich selbst noch etwas bedeuten sollte, so
würden wir doch bey der Betrachtung seiner
innern Schönheiten, auf diese äußere Bedeutung wenig Rücksicht nehmen, weil er gar
nichts weiter außer sich selbst zu bedeuten
braucht, um unsre ganze Aufmerksamkeit auf
sich zu ziehen.

Wo die Allegorie statt findet, muß sie immer
untergeordnet, sie muß nie Hauptsache seyn —
sie ist nur Zierrath — und *bloß* allegorische

Kunstwerke sollten eigentlich gar nicht statt finden, oder doch nie vorzüglich um der Allegorie willen für wahre Kunstwerke gelten.

Die Allegorie kann bey großen Gemählden als eine Art von erklärender, höherer Sprache angebracht werden, wie bey der Vermählung der *Psyche* von *Raphael*; wo unter dem Hauptgemählde rings an den Wänden besondere kleinere Felder angebracht sind, in welchen Amoretten mit den Attributen der höhern Gottheiten spielen, die bey der Hochzeit der *Psyche* zugegen sind. —

Die allegorischen Vorstellungen sollen das Ganze nur umgaukeln; nur gleichsam an seinem äußersten Rande spielen — nie aber das innere Heiligthum der Kunst einnehmen — sobald sie auf die Weise untergeordnet bleiben, und in ihre bescheidene Grenzen treten, sind sie schön. —

Überschreiten sie aber diese Grenzen, wie z. B. die Figur, welche die Gerechtigkeit mit verbundenen Augen, dem Schwerdt in der einen, und der Wage in der andern Hand darstellt, so ist nichts dem wahren Begriff des Schönen mehr widersprechend, als dergleichen Allegorien.

In der allegorischen Darstellung der Gerechtigkeit widerspricht ein Symbol dem andern, sobald die Figur an und für sich selbst kunstmäßig betrachtet wird. —

Der Gebrauch des Schwerdts erfordert ja eine ganz andere Stellung als der Gebrauch der Wage, die Wage eine ganz andere Stellung als das Schwerdt, und der Gebrauch von beiden erfordert offne Augen. –

Nichts ist widriger, als diese Figur; bey ihr erscheint nichts in Bewegung, nichts in Thätigkeit; sie hält bloß maschinenmäßig das Schwerdt und die Wage, und die verbundenen Augen machen sie noch unthätiger. – Die ganze Figur ist überladen und steht von sich selbst erdrückt, wie eine todte Masse da.

Die Bachantin schwingt den Thyrsusstab – *Herkules* lehnt sich auf seine Keule – *Diana* spannt den Bogen. – Die Gerechtigkeit aber hält Schwerdt und Wage, wie eine todte Masse, mit verbundenen Augen, in den Händen.

Sobald die Allegorie auf die Weise jedem Begriff von Schönheit in den bildenden Künsten widerspricht, verdienet sie gar keinen Platz in der Reihe des Schönen, und hat ohngeachtet alles Aufwandes von Fleiß und Mühe, weiter keinen Werth, als der Buchstabe mit dem ich schreibe.

Die Fortuna von *Guido*, mit fliegenden Haaren, und den Spitzen der Zehen die rollende Kugel berührend, ist eine schöne Figur, nicht deswegen, weil das Glück dadurch treffend bezeichnet wird, sondern weil das Ganze dieser Figur Übereinstimmung in sich selber hat. –

Die rollende Kugel berühret nur immer in einem Punkte, mit ihrer Spitze, den Boden, so wie die *Fortuna* mit der Spitze der Zehen wieder die rollende Kugel berührt, und durch das fliegende Haar den eilenden Lauf bezeichnet. –

Kein Symbol ist hier dem andern widersprechend – Leben, Leichtigkeit, Bewegung, Wechsel, sind hier so harmonisch bezeichnet, daß die Bezeichnung selbst zur Hauptsache wird, *und die Idee sich unterordnet.* – Denn wenn man die *Fortuna* von *Guido* erblickt, macht man keine Betrachtungen über den Wechsel des Glücks, sondern ergötzt sich an dem Umriß, und der Fülle, dieser leicht und zart entworfenen Luftgestalt. –

Eben so wenig wird man die *Aurora* von *Guido**
betrachten, um dadurch den Gedanken an die eigentliche Morgenröthe in sich zu erwecken – sondern der Gedanke an die Morgenröthe wird nur hinzugebracht, um das Gemählde selbst zu erklären, welches hier das Herrschende ist, und für sich allein die Aufmerksamkeit fesselt. –

Durch die Macht des Pinsels ist die Idee untergeordnet – sie dient dem Kunstwerke, das Kunstwerk dient nicht ihr. –

Die Morgenröthe wurde von dem bildenden Künstler zum Gegenstande gewählt, weil eine

---

* Ein Deckengemählde in dem Pallast Ruspigliosi in Rom. [Anm. von Moritz]

Zusammensetzung schöner Figuren durch diese Idee veranlaßt wurde; und diese Figuren wurden nicht deswegen zusammengesetzt, damit der Gedanke an die eigentliche Morgenröthe dadurch erweckt werden sollte, welche das Auge selbst in der Natur weit schöner sieht, als irgend ein Pinsel sie darstellen kann. –

Die Wiedererinnerung an den eigentlichen Schimmer der Morgenröthe, liegt bey dem Anblick dieses Gemähldes nur gleichsam im Hintergrunde der Einbildungskraft zurückgezogen, und hält sich bescheiden in ihren Grenzen, um den Eindruck dieses schönen Ganzen nicht zu stören. – –

Bestimmung
des Zwecks einer Theorie
der schönen Künste

Der *vollständige Begriff des Schönen* setzt die Theorie der schönen Künste, vereint mit der Betrachtung der vortrefflichsten Kunstwerke selbst, voraus: denn ließe sich dieser Begriff in wenigen Worten vollständig geben, so wäre weiter keine ausführliche Theorie des Schönen nöthig. Alles aber, was über das Schöne gesagt werden kann, muß immer darauf zurückkommen;

1.) daß das Schöne uns mehr Ordnung, Übereinstimmung und Bildung, in einem *kleinern Umfange* darstellt, als wir sonst gewöhnlich in dem großen Ganzen, das uns umgiebt, hier und da zerstreut, wahrnehmen. Und daß also

2.) das Schöne um desto schöner sey, jemehr das große uns umgebende Ganze sich darinn zusammendrängt und spiegelt. In so fern nun aber

3.) jedes schöne Kunstwerk mehr oder weniger ein Abdruck des uns umgebenden großen Ganzen der Natur ist, muß es auch als *ein für sich bestehendes Ganze* von uns betrachtet werden, welches, wie die große Natur, *seinen End-*

zweck in sich selber hat, und um sein selbst willen da ist. Und nur auf die Weise betrachtet, kann

4.) das Schöne wahrhaft *nützlich* werden; indem es unser Wahrnehmungsvermögen für Ordnung und Übereinstimmung schärft, und unsern Geist über das Kleine erhebt, weil es alles Einzelne uns stets im Ganzen, und in Beziehung auf das Ganze, deutlich erblicken läßt. Um nun aber

5.) jedes schöne Kunstwerk, als ein für sich bestehendes Ganze zu betrachten, ist es nöthig, in dem Werke selbst den *Gesichtspunkt* aufzufinden, wodurch alles Einzelne sich erst in seiner nothwendigen Beziehung auf das Ganze darstellt, und wodurch es uns erst einleuchtet, daß in dem Werke weder etwas überflüßig sey, noch etwas mangle.

Diesen wahren Gesichtspunkt für das Schöne *in allen Fällen* auffinden zu lehren, würde also das Geschäft einer vollständigen Theorie der schönen Künste seyn.

Die
Wirkungen der äußern Sinne
in psychologischer Rücksicht

Über das musikalische Gehör

Unter musikalischem Gehör denkt man sich gemeiniglich das Vermögen ein gewisses Verhältniß unter den Tönen wahrzunehmen, und zwar so deutlich, daß man es nachher immer richtig wieder außer sich hervorbringen kann.

Es ist in Ansehung des Gehörs dasjenige, was man in Ansehung des Sehens ein richtiges Augenmaaß und in Ansehung des Gefühls ein feines Gefühl nennt.

So wie das Auge ein gewisses Verhältniß unter den sichtbaren Dingen in Ansehung der Größe und Farbe, und das Gefühl ein solches in Ansehung der Schwere und des Harten und Weichen findet, so findet es das Ohr unter den Tönen in Ansehung ihrer Dauer, Höhe und Tiefe.

Um sich nun von der Richtigkeit eines Verhältnisses zu überzeugen, hat man für die Größe Maaßen und für die Schwere Gewichte erfunden, und sie dadurch mehr zu Gegenständen des Verstandes gemacht.

Dies findet aber in der Ansehung der Farbe,

des Gefühls von Hart und Weich, und der Töne nicht statt.

In Ansehung der letztern scheint es bloß auf die richtige Bemerkung des Eindrucks anzukommen, welchen ein Ton, der gehört wird, gegen einen der schon gehört worden, auf uns macht.

Hierbei müssen wir bemerken, daß zuweilen selbst Kinder dieses Verhältniß richtig wahrnehmen, da hingegen manchmal erwachsene Personen ihres guten Verstandes ohngeachtet es nicht im Stande sind.

Daß es nun bei letztern daran liegen müsse, daß sie nicht eines so starken Eindrucks fähig sind, welcher vermögend wäre, durch die Empfindung in den Verstand zu dringen, und sich da dem Gedächtniß einzuprägen, scheint außer Zweifel zu seyn.

Da man diesen Menschen aber doch keineswegs Empfindung absprechen kann, da sie öfters wohl empfindsamer sind, als andere, so scheint der Unterschied darin zu liegen, daß sie mittelbar durch den Verstand empfinden, weil die Dinge, die sie erkennen und einsehn, erst einigen Eindruck auf sie machen; und daß so, wie bei jenen der Eindruck durch die Empfindung auf den Verstand, bei diesen durch den Verstand auf die Empfindung würkt.

Auffallend ist die körperliche Bewegung bei der Musik, welche man schon oft bei kleinen

Kindern wahrnimmt, die sich auf eine freudige Art heben, wenn sie eine ihnen angenehme Musik hören.

Der Schall scheint gleichsam in dem Gehöre einen Punkt zu finden, wo er zurückprallt, eine andere Richtung nimmt, wodurch er sich im Körper verbreitet, und daselbst eine ihm gleichförmige Bewegung verursacht, welche sich außerhalb des Körpers dem Auge darstellt.

Der Takt scheint auf den ersten Anblick eine Sache zu seyn, die bloß den Verstand angeht, wenn man ihn aber näher betrachtet, so scheint er dem Verstande nur mehr anzugehen, als die Bemerkung des Verhältnisses der Töne in Ansehung ihrer Höhe und Tiefe.

Wenn bloß ein guter Verstand dazu gehörte, einen richtigen Takt zu halten, so müßte ein jeder, der jenen hätte, auch dieses können.

Nun findet man aber Leute, die jenen besitzen, und dieses doch nicht lernen können; und man kann es bald merken, wenn sie es zu können scheinen, daß es doch nicht andem ist, indem man an ihrem Ausdruck hört, daß sie die Nothwendigkeit davon nicht wirklich in sich fühlen, sondern dieses Gefühl nur affektiren.

Ein wahrer Musikus aber braucht seinen Verstand nicht anzustrengen, um ein richtiges Zeitmaaß zu beobachten, sondern sein Gefühl hält ihn schon dazu an, er kann nicht anders, es ist ihm nothwendig; er findet sich gleichsam wie ein Uhrwerk aufgezogen, wenn von einem Stücke in der Musik nur der erste Takt angegeben worden, daß es ihm fast nicht möglich ist, geschwinder oder langsamer zu singen oder zu spielen, als es einmal angefangen.

Der Verstand aber bemerkt die Ordnung, die dadurch in der Musik liegt, und abstrahirt sie von dieser.

Da er nun hierin dasselbe Verhältniß der Theile zum Ganzen findet, welches er in dem Größenmaaß und Gewichte antrift, so setzt er es mit diesem in eine Klasse, ohne den Unterschied zu machen, daß das Maaß der Größe und Schwere in sichtbaren bleibenden Dingen besteht, und der Takt hingegen weder sichtbar noch bleibend ist, sondern sein Wesen in etwas andern haben muß, welches denn wohl nichts anders als die Empfindung seyn kann.

Das Verhältniß der Töne in Ansehung ihrer Höhe und Tiefe aber selbst kann er nicht von der Musik abstrahiren, und macht nun einen Unterschied in diesem Verhältniß und dem in Ansehung ihrer Dauer, und eignet die Bemerkung des ersten der Empfindung und des letzten dem Verstande zu, da doch das letztere nicht weniger die Empfindung angeht als das erstere, sondern sich nur abstrahiren und daher mit dem Verstande begreifen läßt.

Dieser Takt ist ja auch in dem großen Ganzen

der Natur gegründet, von dem Lauf der Weltkörper bis auf den Lauf des Bluts in unsern Adern. Nichts kann dagegen angehen, wie die Ursache so die Wirkung.

In der Bewegung aber die wirklich aus der Natur des Menschen ihren Ursprung hat, worin er gleichsam sein Wesen abdruckt, da muß auch dieser Takt sich zeigen. −

Wenn der Musikus mit dem Gehöre ein gewisses Verhältniß der Töne bemerkt, so bemerkt er dieß eigentlich nicht außer, sondern in sich. Er ist eigentlich das Instrument, welches gespielt wird. Ohne Gehör ist kein Ton zu denken.

Das Verhältniß der Töne aber untereinander ist keinesweges willkührlich, sondern in der Natur gegründet, welches der Monochord auch dem Auge zeigt.

Und die Verhältnisse, welche in Ansehung der Größe in verschiedenen Graden dem Auge angenehm oder unangenehm sind, sind es auch in Ansehung der Töne dem Ohr. − Dies scheint zu weitern Untersuchungen Anlaß zu geben.

Die Verhältnisse, die in Ansehung der Größen dem Auge angenehm sind, lassen sich in dem Grade, worin sie es sind, leicht mit dem Verstande begreifen, man kann sie sich leicht in Gedanken vorstellen.

Die Verhältnisse, die in Ansehung der Töne

dem Ohre angenehm sind, lassen sich in dem Grade, worin sie es sind, auch leicht mit dem Verstande begreifen, man kann sie sich auch leicht in Gedanken vorstellen.

Die Vorstellungsart beider in der Seele, muß doch aber wohl verschieden seyn, indem man sich bei der Vorstellung der erstern einbildet, man *sähe* etwas; hingegen bei der Vorstellung der letztern, man *höre* etwas, und man sich doch eigentlich von einem Tone kein *Bild* machen kann, als welches etwas Sichtbares aber nichts Hörbares darstellet.

Da es also scheint als ob *einbilden* das rechte Wort, für die Vorstellung eines Tones in der Seele, nicht sey, so scheint auch für diese Vorstellungsart der Seele noch kein Wort vorhanden zu seyn. Ja man kann wohl eigentlich nicht einmal sagen, daß die Seele sich einen Ton *vorstelle*, weil auch dies schon auf etwas Sichtbares Bezug zu haben scheint.

Es würde daher, um doch für beides *ein*, und wo nicht bedeutendes, doch wenigstens nicht unrichtiges Wort zu haben, weiter nichts übrig bleiben, als: die Seele *denkt* sich eine Größe, sie *denkt* sich einen Ton.

Wie denkt sich nun aber die Seele eine Größe, und *wie* denkt sie sich einen Ton?

Überhaupt könnte man wohl sagen: die Seele denkt sich eine Größe als etwas Sichtbares, sie denkt sich einen Ton als etwas Hörbares. Man könnte wohl sagen, da das Denken doch bloß *in* ihr vorgeht: Sie *sieht in sich* eine Größe, sie *hört in sich* einen Ton.

Wie geht es aber zu, daß sie *in* sich eine Größe sieht und einen Ton hört?

Man könnte sagen: sie stellt sich eine Größe vor, oder sie stellt eine Größe vor sich und sieht sie; sie bringt einen Ton hervor und hört ihn.

Wie kann man aber zu gleicher Zeit sagen, sie stellt sich eine Größe *vor*, und sie stellt sie *in* sich; denn wenn man sagt, sie stellt sich eine Größe *in* sich *vor*, so will das doch wohl so viel sagen, als, sie stellt dieselbe *vor* sich, und stellt sie auch zu gleicher Zeit *in* sich.

Scheint es doch gleichsam, als ob man sich die Seele unter dem Mittelpunkte eines Kreises denken könne, welcher mit dem Kreise eins ausmacht, und nun in diesem Kreise, also in sich selbst, sich etwas vorstellt und sieht, welches denn freilich der äußere Sinn nicht sehen kann, weil solcher, wenn man sich die Seele unter diesem Bilde denken wollte, seinen Sitz alsdann etwa an der Peripherie dieses Kreises nach außen zu haben würde, und daher nur die äußern Gegenstände und Eindrücke wahrnehmen und empfinden könnte.

Auf die Art könnte dann auch der äußere Sinn nicht *hören*, was die Seele in sich *hört*, nicht *fühlen*, was die Seele in sich *fühlt*; da hingegen die Seele alles, was der äußere Sinn sieht, hört und fühlt, auch sehen, hören und fühlen könnte.

Was nun aber der äußere Sinn in *verschiedenen* Punkten sieht, hört und fühlt, das würde dann in der Seele in *einem* Punkte zusammentreffen. In ihr würde also der Unterschied von sehen, hören und fühlen wegfallen, sie würde sich alles *Verschiedene* des äußern Sinnes auf *eine* Art denken können. Und daher wäre es ja auch wohl nicht unrecht, wenn man von ihr sagte: sie *stellt* sich einen *Ton vor*, sie *stellt* sich ein *Gefühl vor*, so wie man sagt: sie *stellt* sich eine *Größe vor*.

So wie nun aber die Radien des Gesichts und Gehörs vom Mittelpunkte aus von einander abweichen, so würde die Seele auch anfangen dieselben zu unterscheiden. Und es scheinet auch fast, als ob sich bei einer recht lebhaften Vorstellung von etwas Sichtbarem oder Hörbarem jedesmal den eingebildeten Gegenstand dem äußern Sinne, welcher denselben von außen wahrzunehmen oder zu empfinden fähig ist, von innen so nahe wie möglich denkt, weil doch da der Unterschied am größten seyn müßte.

Ja sie scheint sich denselben gleichsam durch den äußern Sinn wahrnehmend zu denken. Man kann sich ja etwas dem äußern Sinne von innen so nahe vorstellen, daß einem fast unwillkührlich der Ausdruck entfährt: es ist mir als sähe ich u.s.w., als hörte ich u.s.w., als fühlte ich u.s.w., ja die Vorstellung kann so lebhaft werden, daß einer wirklich durch den äußern Sinn wahrzunehmen glaubt, was er sich doch bloß nur einbildet.

Es würde also nun heißen können: die Seele denkt sich eine Größe, als etwas durch den äußern Sinn des Sehens wahrnehmend, sie denkt sich einen Ton, als etwas durch den äußern Sinn des Hörens wahrnehmend. Es scheint gleichsam, als ob sie die äußern Organe zwingen könne, ihr diejenigen Bilder vorzustellen, die sie ihr darstellen würden, wenn sie dieselben von außen empfangen hätten.

Wenn die Seele sich aber die Bilder, welche sie verlangt, in sich selber vorstellt, ohne die äußern Sinne dazu zu gebrauchen, woraus formt sie denn dieselben anders als aus sich selbst? – Sie kann dann doch etwas aus sich formen und in sich darstellen, wie das große Ganze der Natur aus sich formt und in sich darstellt.

Sie scheint daher gleichsam ein Spiegel zu seyn, worin das Ganze der Natur sich abbildet und siehet, welchen dasselbe aber gleichwohl aus sich geformt und in sich dargestellt hat, und zwar nicht um seine *Umrisse*, sondern sein *Wesen* selbst darin zu sehen.

So wie nun also das große Ganze der Natur aus sich formt und in sich darstellt, so würde auch die Seele aus sich formen und in sich darstellen. Sollte sie nicht auch wiederum einen Spiegel aus sich formen und in sich darstellen können, wie die Natur, um sich auch darin abbilden und sehen zu können?

Für einen solchen scheint man fast dasjenige zu halten, welches man den Verstand nennt. Wenn man von jemand sagt: er hat einen guten Verstand, so denkt man sich darunter etwas *in* dem Menschen. Man sagt aber auch: er hat einen *hellen*, einen *klaren*, einen *richtigen* Verstand, welches alles Benennnungen sind, die man auch den Eigenschaften eines guten Spiegels giebt. Man sagt auch wohl von jemand: er hat einen *scharfen* Verstand, aber hat man auch schon untersucht, ob man diese Eigenschaft nicht auch einem guten Spiegel beilegen könnte?

In diesem Spiegel wird dann die Seele alles wahrnehmen, was sie aus sich formt und in sich darstellt, alle Bilder des Sehbaren, Hörbaren, Fühlbaren u.s.w.

Wie schaft sich nun aber die Seele ihre Vorstellungen und Bilder? – Wird es damit nicht eben so zugehen, als wenn das große Ganze der Natur etwas hervorbringt? – Dieses setzet nun zusammen, es formt, die Materie, der Grundstoff ist schon in ihm, es ist ja der Grundstoff selbst. Sollte es nicht auch also mit der Seele seyn? – Die Natur bringt aber auch nichts unmittelbar und auf einmal hervor, sondern läßt immer eins aus und nach dem andern entstehen, selbst ihr Wille scheint nicht *unmittelbar* da zu seyn. Sollte das nicht auch bei der Seele zutreffen? –

Dies auf die Vorstellung des Verhältnisses zweier Dinge, z. E. zweier Größen, in dem Verstande angewandt, ist es ganz natürlich, daß sie sich, verfahre sie auch noch so schnell, doch erst die beiden Dinge, die sie mit einander vergleichen will, neben einander wird vorstellen müssen, ehe sie das Verhältniß derselben gegeneinander wahrnehmen kann.

Wie kann sie sich aber z. B. die Hälfte gegen das Ganze anders vorstellen, als wenn sie sich erst ein Ganzes vorstellt, und dann selbiges in zwei gleiche Theile theilet?

Wollte sie sich das Verhältniß eines Drittheils zum Ganzen vorstellen, so müßte sie schon eine Theilung einer vorgestellten Einheit in *drei* gleiche Theile vornehmen, welches doch schon weitläufiger als die Theilung in *zwei* seyn, und welche Weitläuftigkeit bei zunehmender Kleinheit des Verhältnisses zunehmen, und ihr folglich mehr Mühe machen würde.

In wie fern und warum nun aber diejenigen Verhältnisse, welche die Seele sich *leicht* vorstellen kann, ihr in dem Grade, worin sie sich dieselben leicht vorstellen kann, *angenehm* sind, bedarf wohl einer besondren Erörterung.

Nachwort

Es ist!, das sei das erhabenste Wort, das sich vom Schönen sagen lasse, heißt es im letzten Satz der ästhetischen Programmschrift Karl Philipp Moritzens *Über die bildende Nachahmung des Schönen* (S. 78). Diese Summa seiner Ästhetik zieht sich kurz, wuchtig und lakonisch in eine ontologische Aussage zusammen, die unseren Autor staunend an der Grenze menschlicher Erkenntnisfähigkeiten zeigt. Nicht, *was* das Schöne sei oder *wie* es zur Erscheinung komme, ist Ausgangs- und Fluchtpunkt der Ästhetik Moritzens, sondern *daß* es sei. Ihm wird nichts prädiziert. Es ist ein Datum. Das Schöne *ist*.

Das Emphatische, geradezu Pathetische, mit dem Moritz seinen gewichtigsten Beitrag zur Ästhetik beschließt, löst Befremden aus, wenn es als bloßer Offenbarungseid philosophischer Reflexion gelesen wird: Das Schöne *ist* − in der Reflexion nicht hintergehbar, allenfalls anzustaunen und damit an den Ursprung philosophischer Tätigkeit zurückführend, Ende und Grenze der Philosophie: finis philosophiae.

Der Zusammenhang, in dem Moritz' Überlegungen stehen, macht die Brisanz des scheinbar Trivialen − Grundlegenden − sichtbar.

116

Wir befinden uns hier in einer wichtigen Phase der Geschichte der Sinnlichkeit, die einen, und zwar einen entscheidenden, Teilstrang der Geschichte des Humanitätskonzepts bildet. Karl Philipp Moritz' Ästhetik-Entwurf bezeichnet eine neue Stufe in der folgenreichen Debatte um die Bedeutung der sinnlichen Erkenntnis (cognitio sensiva), deren philosophische Karriere vom erkenntnistheoretischen Störfaktor zur höchstmöglichen menschlichen Erkenntnis im Medium der Kunst bei Moritz einen Gipfelpunkt erreicht.

1735 schreibt Alexander Gottlieb Baumgarten seine *Meditationes philosophicae de nonnullis ad poema pertinentibus*, zu deutsch: *Philosophische Gedanken von einigen zum Gedicht gehörigen Stücken*. Nicht deskriptiv oder normativ will diese Poetik sein, sondern „philosophisch", das heißt aus Prinzipien ableitend, also beweisend. Baumgartens *Meditationes* stellen eine wissenschaftliche Poetik dar, deren Gegenstand nicht eigentlich das Gedicht ist, sondern dessen Eigentümlichkeit: die Poetizität.

Es sind im wesentlichen zwei Dinge, die Baumgarten als Spezifika der Poetizität herausarbeitet. Zum einen bestimmt er ein Gedicht als eine „vollkommene sinnliche Rede" (oratio sensitiva perfecta). Zum anderen demonstriert er, daß die möglichst reichhaltige Bestimmung der Gegenstände des Gedichts, das je Individuelle, verstanden als lebhaft anschauliche Vorstellung der Qualität des je Einzelnen, genuin poetisch sei.

Beide Poetizitätskriterien — sinnliche Vollkommenheit und anschauliche Individualität — scheiden den poetischen Diskurs grundsätzlich von allen anderen Diskursen. Vor allem aber, und das macht den Reiz der *Meditationes* aus, vor allem ist nach Baumgartens Auffassung die Sinnlichkeit bislang philosophisch schlecht beleumundet, und auch die Individualität ist zwar als Ausgangspunkt der Philosophie anerkannt, als solche aber ansonsten kein ernsthafter Gegenstand. Es geht also um zweierlei in Baumgartens erster Schrift: Einerseits wird die Unhintergehbarkeit des poetischen Diskurses nachgewiesen, und andererseits wird die philosophische Dignität der Sinnlichkeit und der Individualität reklamiert.

Descartes stritt um die Mitte des 17. Jahrhunderts den Sinnen und der Einbildungskraft jegliche Erkenntnisleistung ab. Erkenntnis zeichne sich durch klare und deutliche Vorstellung des Erkannten aus (cognitio clara et distincta), Sinne und Einbildungskraft aber böten allenfalls Dunkles, wenn sie nicht überhaupt in die Irre führten und Unmögliches vorgaukelten.

Leibniz kritisierte gegen Ende des 17. Jahrhunderts Descartes, indem er auch vorbewußten, ,prae-apperzeptiven' Graden der Wahrnehmung Erkenntnisqualitäten zusprach, von denen in unserem Zusammenhang die „klare und verworrene Erkenntnis" (cognitio clara et confusa) wichtig ist. Für diesen Grad der Erkenntnis nämlich ist nach Leibniz „das einfache Zeugnis der Sinne" zureichend, etwa bei Farben und Gerüchen.

Bei Christian Wolff bildet im frühen 18. Jahrhundert eben dieser Grad der klaren und verworrenen Erkenntnis einen Grenzstein, der den Bereich des unteren von dem des oberen Erkenntnisvermögens trennt. Man darf sich durch den Ausdruck „verworren" (confusa) nicht beirren lassen, denn er ist von Leibniz seinerzeit präzis gewählt worden. Diese Erkenntnisstufe ruht auf der dunklen und auf der nur klaren Erkenntnis auf. „Klar *und* verworren" meint diejenige Erkenntnis, die einen Gegenstand als ganzen eindeutig identifiziert, seine Bestandteile aber rational nicht im einzelnen aufzuzählen imstande ist. Insofern sind die konstitutiven Merkmale des Ganzen weiterhin miteinander verbunden – ,konfundiert' – und in diesem deskriptiven, nicht-wertenden Sinne „verworren". Diese klare *und* verworrene Erkenntnis ist der höchste Grad, den das *untere* Erkenntnisvermögen zu erlangen imstande ist. Mit der klaren und deutlichen Erkenntnis beginnt dann der Bereich des *oberen* Erkenntnisvermögens, und erst hier, im Bereich von Verstand und Vernunft als ihren Organen, kommt in der Tradition die Philosophie als Wissenschaft zum Zuge.

In genau diese Tradition schreibt Baumgarten sich bewußt ein, indem er den Grad der klaren und verworrenen Erkenntnis als das der Poesie eigene Terrain auffaßt. Je angemessen umfänglicher und anschaulicher ein Gegenstand oder Sachverhalt vorgestellt wird – Baumgarten nennt das „extensiv klarere Vorstellungen" (§ 17) –, desto poetischer ist die Darstellung, das heißt desto mehr nähert sie sich der sinnlichen Vollkommenheit der Rede.

Poesie und Philosophie sind also in dieser kleinen Abhandlung nicht nur insofern miteinander verbunden, daß die Philosophie den analytischen Diskurs der Poesie abgäbe, sondern auch insofern, als die Bestimmung der Poesie auf die Philosophie zurückwirkt, indem die Sinnlichkeit verstärkt Eingang in die Erkenntnislehre findet. Baumgarten macht das am Ende seiner *Meditationes* deutlich durch die Formulierung eines philosophischen Desiderats. Dieses definiert er als eine „Wissenschaft, die das untere Erkenntnisvermögen anleitet [das heißt vor Fehlern bewahrt] oder als eine Wissenschaft von der Art und Weise sinnlichen Erkennens" (§ 115). Die traditionelle Logik befasse sich mit dem oberen Erkenntnisvermögen, somit fülle diese neue Wissenschaft als eine Logik des unteren Erkenntnisvermögens nun eine Lücke im philosophischen System. Erstmalig in der Geschichte der Philosophie prägt Baumgarten im § 116 den Namen für diese neue Logik: Er nennt sie *Ästhetik*.

1739 bekommt diese neue Disziplin ihren Ort in der *Metaphysica* (§ 533), das heißt im System der Philosophie, und 1750 und 1758 erscheinen die zwei Teile der insgesamt Fragment gebliebenen *Aesthetica*. Dort wird im ersten Paragraphen definiert: „Die Ästhetik ist die Wissenschaft der sinnlichen Erkenntnis" (Aesthetica est scientia cognitionis sensitivae). Da nun die Ästhetik Baumgartens eine eigene Logik ist, führt er zur Charakterisierung der neuen Disziplin einen Begriff ein, der zugleich die Nähe zur Logik und die Abgrenzung von ihr deutlich machen soll. Es ist der Begriff des Vernunft-*Ähnlichen* (analogon rationis): Aesthetica (est) ars analogi rationis, „die Ästhetik ist die Kunst des vernunftähnlichen Denkens".

Bei der Gründung der Ästhetik sind in unserem Zusammenhang fünf Punkte von großer Bedeutung:

Erstens. Die Ästhetik entsteht als Desiderat der Erkenntnislehre. Sie ist zum Zeitpunkt ihrer Begründung weder eine Kunstphilosophie noch eine Theorie des Kunstschönen. Beides, die Kunst und das Kunstschöne, sind zwar prominente Gegenstände und Exempel der Ästhetik, nicht aber ihr Zentrum.

Zweitens. Als „Wissenschaft der sinnlichen Erkenntnis" ist die Ästhetik die Logik der klaren und verworrenen Erkenntnis. Die verworrene Erkenntnis zeichnet sich aus durch die Dunkelheit der Merkmale des Erkenntnisgegenstandes, soweit er sich dem Menschen darbietet. Innerhalb der Philosophie der Aufklärung, deren Ziel die klare und deutliche, wenn möglich quantifizierende (mathematische) Erkenntnis war, formiert sich – als integraler Bestandteil der Aufklärung – eine Richtung, die das Dunkle sowohl als legitimes Objekt der Philosophie als auch als eigentümliches Charakteristikum nicht-philosophischer Diskurse, wie zum Beispiel der Poesie, aufwertet. Jede menschliche Erkenntnis geht vom Dunklen aus, vom „Grunde der Seele" (fundus animae), wie Baumgarten diesen Ursprung in seiner *Metaphysica* (§ 511) nennt. Weil aber der Grund der Seele ein nicht hintergehbares anthropologisches Datum ist, ist nicht nur keine menschliche Erkenntnis ganz und gar klar und deutlich, sie kann es auch gar nicht sein. Wissenschaft im strengen Sinne erbringt demnach immer Teil-Wissen, während – wie Leibniz sich ausdrückte – „die verwirrten Gedanken […] allezeit das Unendliche in sich enthalten" (Replik auf Pierre Bayles Artikel *Rorarius*). Verstandes- und Vernunfterkenntnis tendiert auf *intensives* Spezialwissen, sinnliche Erkenntnis tendiert auf *extensive* Vorstellungen des Ganzen. Der Weg von Descartes zu Baumgarten ist ein Prozeß der Emanzipation des Dunklen.

Drittens. Mit der Errichtung der Ästhetik als „Logik des unteren Erkenntnisvermögens" wird der Anspruch der traditionellen Logik eingeschränkt. Die neue Logik tritt in Konkurrenz zur alten. Das impliziert die Relativierung *der* Rationalität durch eine Pluralisierung in Rationalitäts*typen*: was logisch wahr ist, muß nicht auch ästhetisch wahr sein, und umgekehrt.

Viertens. Mit der Aufwertung des unteren Erkenntnisvermögens einher geht eine Aufwertung des Leibes, der Körperlichkeit. Zwar meint „sinnlich" in dem Ausdruck „sinnliche Erkenntnis" sowohl äußeren wie inneren Sinn (keineswegs jedoch sind hier Freudsche Assoziationen avant la lettre impliziert), aber die Begrenztheit menschlicher Erkenntnis ist auch dadurch bestimmt, daß der äußere Sinn und seine Organe die ihnen eigene „Sphäre" haben. Die Partialität der Erkenntnis ist somit in ästhetischer Hinsicht auch durch die Perspektivität des Erkenntnissubjekts bestimmt. Baumgarten schrieb in seiner *Metaphysica*: „Aus der Stellung meines Leibes in dieser Welt läßt sich erklären, warum ich dieses dunkler, jenes klarer und ein anderes deutlicher wahrnehme, d.h. meine Vorstellungen richten sich nach der Stelle meines Leibes in dieser Welt" (§ 512).

Fünftens. Die Anerkennung und Aufwertung der Sinnlichkeit ist keineswegs nur ein Problem der Erkenntnislehre oder der Psychologie. Es ist das Bild des Menschen, sein Selbstverständnis insgesamt, das durch diesen Prozeß erheblich erweitert und folgenreich verändert wird. Zwar gilt bei allen Aufklärern weiterhin, daß die Vernunft den Menschen im Gesamt der Schöpfung exponiere, aber die Ratio koexistiert jetzt mit den Sinnen, da beide aufeinander verwiesen sind: Kopf und Herz, Verstand und Sinne. Die Anerkennungsgeschichte der Sinne ist der Weg vom kopflastigen Verstandeswesen zum ganzen Menschen.

Von der Dominanz des Verstandes über die Sinne weiter zur Koexistenz beider läßt sich eine Linie ziehen bis hin zur Umkehrung der Ausgangskonstellation. Das Dunkle nimmt – innerhalb der Aufklärung – den Weg von der Peripherie philosophischer Aufmerksamkeit in deren Zentrum, verändert damit die Philosophie und setzt sie in ein neues Verhältnis sowohl zur Erfahrung des Subjekts wie auch zu anderen Diskursen. Zunehmend wird Kritik und Unbehagen an der Schulphilosophie vernehmbar. Es reicht nicht mehr zu, den Grund der Seele zu benennen und im System zu plazieren.

Johann Georg Sulzer stellt 1758 fest, „daß dunkle Vorstellungen sehr merkliche Wirkungen haben können [...]. Das sind die in dem Innersten der Seele verborgenen Angelegenheiten, die uns zuweilen auf einmal, ohne alle Veranlassung und auf eine unschickliche Art, handeln oder reden und, ohne daß wir daran denken, Dinge sagen lassen, die wir schlechterdings verbergen wollten" *(Zergliederung des Begriffs der Vernunft)*. Diesem Defizit der bestehenden Psychologie durch Vervollständigung des Systems abzuhelfen, fordert er ein Jahr später auf.

Aber wie soll eine Philosophie, die auf System und Klarheit und Deutlichkeit ausgerichtet ist, des Chaotischen, Dunklen, des Zufalls und des Monströsen in seiner Eigentümlichkeit habhaft werden? Sinnliche Erkenntnis und Erfahrung ereignet sich im konkreten Einzelfall in einem konkreten Individuum in einer konkreten Situation. Die mathematische Erkenntnis − das Ideal der Schulphilosophie − baut zwar auf diesem Datum der Erfahrung auf, aber es ist gerade ihr Ziel, vom konkreten Einzelnen weg zur allgemeinen Aussage zu gelangen, die ihr Spezifisches eben darin hat, daß sie die Qualität des Individuellen der Quantifizierbarkeit des Allgemeinen opfert. Alle Aufklärer wissen das, und viele sind bereit, diesen Preis zu zahlen. Baumgarten hat das Problem zusammengefaßt in dem Satz: „Was ist denn die Abstraktion anderes als ein Verlust?" *(Aesthetica,* § 560).

Eine Faszination greift angesichts dieses Ungenügens an der Systemphilosophie um sich. Es ist die Faszination der ‚Prägnanz' (von lateinisch: praegnans = schwanger herzuleiten). Gemeint ist nicht die Prägnanz als Stilbegriff, sondern die epistemologische Prägnanz. Leibniz hatte mehrfach geäußert, daß die „Gegenwart schwanger mit der Zukunft" gehe, und aus dem Gegenwärtigen zu entwickeln sei, was zukünftig sein werde. Zweierlei ist gemeint: Geschichte und Erkenntnis. Die historische Gegenwart ist entbundene Vergangenheit, so wie die Zukunft entbundene Gegenwart sein wird. Der gegenwärtige Gedanke ist entbundenes Gedachtes, so wie das zu Denkende entbundenes Denken sein wird.

Baumgarten definierte eine prägnante Vorstellung (perceptio praegnans) als eine solche, die viele Merkmale in sich enthält (*Metaphysica*, § 517). Prägnant ist danach also eine Vorstellung, die nicht in allen Teilen offen – klar und deutlich – daliegt. Es sind die dunklen und die sinnlichen Vorstellungen insbesondere, die prägnant sind, und, weil eine Vorstellung mit vielen Merkmalen stärker sei als eine mit wenigen, deshalb herrschten die prägnanten Vorstellungen in der Seele. Die Prägnanz ist ein konstitutives Element der sinnlichen Erkenntnis, denn sie kann von der diskursiv-rationalen Erkenntnis nicht restlos abgearbeitet werden.

Bei Johann Gottfried Herder hat diese Faszination der Prägnanz weitreichende Folgen. Herder radikalisiert Baumgartens Ästhetik, indem er sie konsequent zu einer anthropozentrischen Erkenntnislehre wendet. In diesem wichtigen Punkt hat Karl Philipp Moritz, ebenso wie Goethe, Herder vieles zu verdanken. Herders

Oppositionshaltung sowohl gegen die Schulphilosophie als auch gegen Kants Kritizismus
ist begründet in seiner Betonung der *Erfahrung*
als Ausgangs- und Endpunkt allen Wissens
und Tuns. Der spekulative Salto, mit dem die
Schulphilosophie durch Negation des Nichts
sich des denkmöglichen Etwas als ihrer ontologischen Basis versichern zu können meinte,
war ihm ein Unding, eine „falsche philosophische Wurzel" (Kritik an Baumgartens
Aesthetica), zumal dann, wenn die Wirklichkeit
des widerspruchsfrei Denkbaren als Dreingabe
nach der logischen Genese ausgegeben wurde.

Wie soll vom Sein gesprochen werden, wenn
nicht schon etwas ist? Die Ableitung des Seins
aus dem Möglichen, so Herder von seinen frühen Schriften bis in seine *Metakritik*, sei nicht
nur ein illegitimer Übergriff der Mathematik
auf die Philosophie, indem mit dem Nichts wie
mit dem Zeichen der Null operiert werde. Es
sei diese Operation auch eine rationalistische
Hybridbildung, die über dem Stolz auf das Er-
reichte ihre eigene Herkunft vergaß − eine
philosophische Klitterung der Entwicklungs-
geschichte des Menschen. Denn: erst sei die
Kreatur, der sinnliche Mensch, gewesen, dann,
spät, viel später, der Philosoph. Philosophie,
die das vergißt, ist ihm „Wortkrämerei", die
den Bezug zur Erfahrung verloren hat.

Ein „Mittelwesen", ein „Erdtier" ist der
Mensch nach Herder, immer empfindend *und*

erkennend: ganzer Mensch. Herder läßt Sinnlichkeit nicht bloß zu, indem er ihr notgedrun-
gen den Status eines atavistischen Appendix'
konzediert, sondern er erkennt sie als konstitu-
tiv an für das, was er Humanität nennt. „*Ich
fühle mich! Ich bin!*", setzt er dem „Cogito, ergo
sum" Descartes' entgegen.

Was Herder will, ist: die Philosophie ‚einzie-
hen' auf eine Anthropologie oder, wie er auch
sagt, auf eine „menschliche Philosophie". Alles
Wissen geht von Erfahrung aus, und originäre
Erfahrung ist sinnliche Erfahrung, zunächst
des Subjekts selbst und dann von je *Individuel-
lem, Anderem* in seiner unerschöpflichen Viel-
falt. Da die Sinne ihre eigene Sphäre haben, ist
sinnliche Erfahrung auf die Prägnanz von Er-
kenntnissubjekt und -objekt angewiesen. Sinnliche Erfahrung ist mithin authentische Erfahrung, nicht klar und deutlich, sondern prägnant, stark, herrschend. Diskursiv gewonnene
Erkenntnis hingegen bedingt den Verlust dieser Authentizität. Je mehr Wissen, desto
schmaler die Erkenntnis. Je klarer und deutlicher die Erkenntnis der Teile, desto dunkler
die Erkenntnis des Ganzen.

Not tut nach Herder allererst eine Sicherung
dessen, was ist, eine „Philosophie über facta"
(Herder an Wieland, Ende Januar 1785), eine
„Erste Logik", die im Sinne der Etymologie
von ‚logos' sammelt, ‚liest' – keine instrumen-
telle Logik, sondern eine „*Untersuchungs-*

logik". Denn „Wortphilosophie" ist eine metasprachliche Reduplikation des prägnant schon immer Gewußten. „Alles, was die *Grundsätze* und Maximen der Moral sagen, weiß ein jeder, eingewickelt und dunkel" (*Problem: wie die Philosophie zum Besten des Volkes allgemeiner und nützlicher werden kann*). „Das Höchste der Philosophie ist zugleich das Erste und bekannt" (*Zum Sinn des Gefühls*). Damit ist für Herder Philosophie keineswegs obsolet geworden — er ist ebensowenig Mystiker wie Moritz —, sie wird aber mit der Wendung zum erkenntnistheoretischen — nicht ontologischen! — Anthropozentrismus umgestülpt, in der Tat eine ‚kopernikanische Wendung' — vor Kant, aber nicht in seinem Sinne, sondern gegen ihn und über ihn hinaus.

Herders epistemologischer Anthropozentrismus ist ästhetisch und genetisch fundiert. Für ihn gibt es keine Erkenntnis ohne sinnliche Erfahrung. Deshalb ist es für ihn unsinnig, nach Bedingungen der Erkenntnis zu fragen, die *vor* aller Erfahrung gegeben sein sollen. Der Mensch hat sich, die Welt und die Geschichte nur insofern, als diese sich artikuliert der Sphäre der Sinne darbieten — als Phänomenon, als Wirkung *einer* Kraft. Den Sinnen bietet sich immer ein je Individuelles dar. Geschichte kommt als je eigentümliches Ereignis vor. Nur dieses der Erfahrung gegebene Individuelle zeugt von der ewig latent wirkenden

Kraft, die als solche nicht erkannt, sondern nur erschlossen werden kann, um insofern den Zusammenhang aller Erscheinungen, ein Ganzes, annehmen zu können.

Herders Realismus ist ein hypothetischer Realismus sub specie cognitionis humanae, ohne ein Subjektivismus zu sein. Diese Rückbindung aller Erkenntnis an ihr Subjekt impliziert deren notwendige Prägnanz. Sowohl Herders genetische Methode − seine Suche nach dem Ursprünglichen, in dem alles Folgende enthalten ist −, als auch seine organizistischen Metaphern für Sachverhalte − Keim, Same, Lebensalter-Analogie − sind der Vorbedingung der epistemologischen Prägnanz geschuldet. Alles, was da ist, wird vom Menschen nur in der ihm möglichen Weise vernommen. Eine ‚englische' Wahrheit − die der Engel nämlich − ist dem Menschen nicht zugänglich. Selbsterkenntnis ist die Bedingung der Erkenntnis des anderen, kurz: Identität konstituiert sich in der Erfahrung und Erkenntnis der Alterität. Das unhintergehbare, originäre Faktum dieses Prozesses ist die Erfahrung des Seins.

Das Erratische des eingangs zitierten Satzes von Karl Philipp Moritz mag sich nun besser erschließen lassen. Moritz läßt jenem Satz diesen voraufgehen: „Daß wir selber *sind*, ist unser höchster und edelster Gedanke" (S. 78). Nicht die individuelle Existenz in dieser oder jener Form ist gemeint, sondern das als ontologisches Datum verstandene Sein, welches allem Existierenden gemeinsam ist. Die Erfahrung dieser Gewißheit ist das dem Menschen als sein Höchstes zugängliche Datum absoluter Prägnanz, die Gewißheit nämlich, daß alles jenseits und alles diesseits der Seinserfahrung nicht Chaos, sondern ein geordnetes Ganzes ist. Die Wirklichkeit − das Existierende − ist keine Summe und kein Aggregat von Teilen, sie ist ein Ganzes, in dem ein jedes seinen Ort und seine Funktion hat. In dem, was existiert, kann zur Erscheinung kommen, was ist. Das aber, an dem das Sein des Ganzen zur Erscheinung kommt, ist, wie das zur Erscheinung kommende Ganze, nicht zu überbieten: *in sich selbst vollendet* − mit der Maßgabe, daß das Ganze als solches dem Menschen nicht zugänglich ist, während das in sich selbst vollendete ganze Teil des Ganzen sich den eingeschränkten Möglichkeiten des Menschen darbietet.

In Moritz' Aufsatz *Die metaphysische Schönheitslinie* liest sich das so: „Das Einzige wahre in sich Vollendete, ist nur die ganze Natur als ein Werk des Schöpfers, der allein mit seinem Blick das Ganze umfaßt, und den Zweck dieses großen Gegenstandes in ihn selbst zurückwälzt. In so fern also hier Zweck und Mittel zusammen gedrängt eins ausmachen, stellt sich das allerhöchste Schöne nur dem Auge Gottes dar" (SAP, S. 154). Gott allein *hat* das Ganze simultan (simul videt), in ihm fällt die Differenz zwischen Latenz und Wirklichkeit, weil er der Schöpfer des Ganzen ist. Der Mensch ist an Zeit, Raum, Sinne und beschränkte Vernunft und Verstand gebunden, deshalb schafft und begreift er sukzessiv und perspektivisch – „nach der Stelle meines Leibes in dieser Welt", wie Baumgarten schrieb.

Daß das Sein, insofern es sprachlich als Problem bewußtgemacht wird, ein Problem des ‚sein' als Kopula ist, hat Moritz mehrfach deutlich gemacht, in seinen – zum Teil sehr gewagten – Reflexionen über *Sprache in psychologischer Rücksicht* zum „Verbum seyn" (MzE IV, 3, S. 95 ff.), in seiner *Kinderlogik*, wo er das Wort ‚ist' das „einzige wirkliche *Wort*" der Sprache nennt, „welches die Welt unsrer Begriffe schließt – und mit seiner leidenden und ideenverbindenden Kraft, durch die ganze Sprache herrscht, wie der Geist des Menschen durch den Körper" (KL, S. 90). Ähnlich wie in der *Bildenden Nachahmung* durch die Stellung am Ende exponiert, finden sich auch in der Allegorie *Andreas Hartknopf* Reflexionen zu den „Verba Auxiliaria", die dort das „höchste Studium des Psychologen" genannt werden (AH, S. 156). „Wo hört denn das *Haben* auf? wo nimmt das *seyn* seinen Anfang? [...] Ich habe alles, was ich bin; aber ich bin nicht alles, was ich habe. – – Haben ist der mehrumfassende Begriff – *Haben* bezeichnet: *zusammen-*

hängen; seyn bezeichnet den *stärksten Grad des Zusammenhanges* – den letzten Knoten, worin sich alles zusammenschlingt" (AH, S. 157). „Das Haben verliert sich unmerklich ins Seyn. Das Seyn ist der Stift in dem Wirbel. Ohne Mittelpunkt ist kein Cirkel, ohne Seyn ist kein Haben" (AH, S. 158).

Das Denken dieses Zusammenhangs führt zum Selbstbewußtsein als denkendes Wesen. Damit aber nicht genug: die in sich selbst „zurückgedrängte" – ein häufig von Moritz verwendeter Ausdruck, der den Rekurs auf die Prägnanz bezeichnet – Denkkraft ruht auf dem Fundament des „festen und unerschütterlichen [...] Gefühls meines Daseyns" (AH, S. 159). Daß Sein und Wirklichkeit elementar miteinander zu tun haben, zeigt Moritz in einer humorvollen Zusammenstellung im *Andreas Hartknopf*: „Vetter", so sagt Hartknopf dort, „*wir sind* ist das höchste, was wir sagen können – die Welt um uns her ist unendlich groß, und uns ist doch hier so wohl zwischen seinen vier Pfählen – nun laß' er uns auch eine Pfeiffe Toback stopfen, und hört er nicht, sein Junge schreit!" (AH, S. 42).

Das Ganze, was sich im Begriff des Seins andeutet, nimmt Moritz keineswegs zum Anlaß, philosophisch abgehoben die konkrete Wirklichkeit seiner Zeit zu übergehen. Sein *Anton Reiser* bietet die analytisch reflektierte Pathographie eines geschundenen Individuums in der sozialen Realität des 18. Jahrhunderts. Auch als kritischer und erfolgreicher Pädagoge hatte Moritz einen genauen Blick für den hilfebedürftigen jungen Menschen. Mit allgemeingehaltenen pädagogischen Konzeptionen, in denen der einzelne hinter wohlklingenden Theorien verschwand (z.B. in Basedows Dessauer *Philanthropinum*), rechnete Moritz spöttisch und scharf ab.

Schließlich ist Moritz als Psychologe zu nennen, vor allem als Herausgeber des *Magazins zur Erfahrungsseelenkunde*. Seine Psychologie ist – im genauen Gegensatz zu Christian Wolffs *Psychologia empirica* – darin im modernen Sinne empirisch, daß sie sich nicht auf das beschränkt, was ein vorformuliertes System zuläßt, sondern alles thematisiert, was die menschliche Psyche angeht und hervorbringt. „Fakta, und kein moralisches Geschwätz" (MzE, I, 1, S. 2) fordert Moritz, um aus dem, was an menschlichen Verhaltensweisen tatsächlich vorkommt, den Menschen zu erkennen. Denn, so Moritz: „Was ist unsre ganze Moral, wenn sie nicht von Individuis abstrahirt ist?" (VME). Ein System mag sich dann finden – nicht als Maß für die Fakten, sondern in der Transparenz des Vorkommenden.

Moritz will – generell – keine „Metaphysik ohne Physik" (MzE, VII, 3, S. 76), was Hartknopf auch an der Mystik des Herrn von G. moniert: „Das Körperliche blieb ausgeschlossen – das Geistige schwebte oben. – Zwischen dem, was zusammen gehört, und sich nach einander sehnt, war eine Kluft befestiget, die der Hr. v. G… nicht sahe, weil er selber in dieser Kluft stand. –" Hartknopf „konnte die Mystick wohl leiden, bis auf den Punkt hin, wo sie das menschliche Wissen ausschließt, und für Thorheit achtet" (AP, S. 204 und S. 224).

Das Interesse Moritzens am Vorkommenden, Einzelnen ist deshalb so groß, weil nur in ihm sich dem Menschen ein Zugang zum Ganzen bietet, weil nur in einem vorkommenden Einzelnen das Ganze präsent sein kann. In der Kunst wird dieser Zusammenhang für Moritz beispielhaft auffällig.

Was in der Kunst zur *Erscheinung* kommt, ist nicht Scheinhaftes. Insofern ein Kunstwerk im strengen Sinne ein zweckfreies In-sich-selbst-Vollendetes ist, weist es aber auch nicht auf etwas hin, was außerhalb seiner selbst liegt. Bezeichnendes und Bezeichnetes, signifiant und signifié, durchdringen sich gegenseitig, wie Todorov den Sachverhalt treffend charakterisiert hat. Das Kunstwerk ist kein Zeichen des Schönen, es trägt aber dessen „Signatur", ein Begriff, der in der Tradition des Paracelsus und Jakob Böhmes steht. Bei Böhme heißt es im *Mysterium magnum* (1623): „denn der Leib aller Dinge oder Wesen ist anders nicht, als eine Signatur oder Gehäuse nach dem Geiste." Sie, die „Signatur", so schreibt Böhme an anderer Stelle, ist „kein Geist [...], sondern der Behalter oder Kasten des Geistes, darinnen er lieget" (*De Signatura rerum*; 1622).

Was Böhme „Geist" nannte, ist bei Moritz − vermittelt über Leibniz' und Herders Begriff der „Kraft" − „Tatkraft" geworden. Es überrascht nicht, daß Goethe von Moritz' Begeisterung über die Lektüre insbesondere des Schlusses des dritten Teils der Herderschen *Ideen zur Philosophie der Geschichte der Menschheit* berichtet: „Moritz [...] war über das Ende ganz außer sich" (Goethe an Herder, 10. Juni 1788). Herder handelt dort von den „allgemeinen großen Gesetzen" der Geschichte (*Ideen*, 14. Buch) und formuliert als ihr „Hauptgesetz", „*daß allenthalben auf unserer Erde werde, was auf ihr werden kann*" (*Ideen*, 12. Buch) und, allgemeiner: „Alles, was seyn kann, ist: alles, was werden kann, wird" (*Ideen*, 12. Buch). Menschheitsgeschichte ist nach Herder Kulturgeschichte, die − weil der Mensch selbst Teil der Schöpfung − Naturgesetzen verpflichtet ist, denn die Schöpfung bietet sich dar als Artikulation *einer* Kraft: „Ist [...] ein Gott in der Natur: so ist er auch in der Geschichte" (*Ideen*, 15. Buch). Aus dieser geschichtsphilosophischen Perspektive entwickelt Herder einen völlig unsentimentalen Humanitätsbegriff: Humanität ist prinzipiell das Menschenmögliche, Gutes und Böses, Richtiges und Falsches gleichermaßen umfassend, weil

136

es diesen vorausliegt. Es kommt zur Entfaltung, was als Fähigkeit angelegt ist, und es geht unter, was gegen die Gesetze der Natur und Geschichte verstößt.

Von hier aus läßt sich Moritzens Begriff der „Tatkraft" fassen. In der geschichtlichen Wirklichkeit bildet diese unablässig, aber sie zerstört auch verheerend, was sich der Ausbildung höherer Organisation nicht selbst öffnet. Alexander von Humboldt nannte als Zuhörer von Moritz' Vorlesungen dieses „ein wahres Monadenfressen". Tatkraft erscheint bei Moritz immer als wirksame Urkraft, die dem menschlichen Zugriff und damit jeglicher Wertung und Moral entzogen ist.

Der Mensch in seiner Beschränkung (infirmitas) hat aber tätig *und* leidend teil an der Tatkraft, und sie steht ihm zu Gebot in den Formen der *Bildungskraft*, *Empfindungskraft* und *Denkkraft*, die Moritz in seiner ästhetischen Hauptschrift in ein subtiles Verhältnis zueinander setzt. „Empfindungskraft sowohl als Bildungskraft umfassen *mehr* als Denkkraft, und die thätige Kraft, worinn sich beide gründen, umfaßt *zugleich* auch alles was die Denkkraft faßt, weil sie von allen Begriffen, die wir je haben können, die ersten Anlässe, stets sie aus sich herausspinnend, in sich trägt. In so fern nun diese thätige Kraft alles, was nicht unter das Gebiet der Denkkraft fällt, *hervorbringend* in sich faßt, heisset sie Bildungskraft:

und in so fern sie das, was ausser den Grenzen der Denkkraft liegt, der *Hervorbringung sich entgegen neigend* in sich begreift, heißt sie Empfindungskraft" (S. 59).

Dieser Begriff der Tatkraft zielt auf einen von der diskursiv-rationalen Erkenntnis unerreichbaren Totalitätsbegriff, der die *umfassendste* Erkenntnis bezeichnen und vermitteln soll. Mit der Umkehrung des rationalistischen Systems der „oberen" und „unteren" Erkenntnisvermögen ist zugleich dessen Aufhebung und Umwandlung in ein graduell abgestuftes Gegen-Modell vollzogen. Die Kunst erhält die Gipfelstellung in diesem neuen Erkenntnismodell zugesprochen.

Die Nähe zu Baumgarten (perfectio phaenomenon: „erscheinende Vollkommenheit" oder „Vollkommenheit der sinnlichen Erscheinung") bekundet sich auch in Moritzens Begriff der „Erscheinung", den er als festen Terminus seit der *Bildenden Nachahmung* konsequent zur Kennzeichnung der Autonomie des Schönen und der Eigenwirklichkeit der „Sprache der Phantasie" verwendet. „Erscheinung" ist danach das Resultat der „bildenden Nachahmung" als menschlichen Analogons der Tatkraft in kleinerem Maßstab: „Die Realität muß unter der Hand des bildenden Künstlers zur Erscheinung werden" (S. 45). So rühmte Moritz an Goethes *Tasso*, daß hier „das Qualenvollste und Drückendste der menschlichen Verhält-

nisse in die mildeste Erscheinung sich vollendet" (SAP, S. 326).

In der Kunst – und nur in ihr – wird im Be-
grenzten das Ganze zur Anschauung gebracht.
Hier eine idyllische Kunstkonzeption zu ver-
muten, wäre grundfalsch. Die Kunst ,verschö-
nert' nicht: „Denn das höchste Schöne der bildenden Künste, faßt dieselbe Summe der Zerstöhrung, *ineinander gehüllt*, auf einmal in
sich, welche die erhabenste Dichtkunst, nach
dem Maaß des Schönen, *auseinander gehüllt*,
in furchtbarer Folge uns vor Augen legt"
(S. 74).

Hatte der mystische Quietismus das Aufgehen
des einzelnen in einem höheren Ganzen zum
Ziel proklamiert, so findet sich bei Moritz diese
Denkfigur mit genau entgegengesetztem Inhalt
wieder. Durch Selbstbestimmung des Menschen als eines in sich selbst Vollendeten, dessen erkannte Einschränkung als Bedingung
und Chance seiner Mündigkeit verstanden
wird, formuliert Moritz das unverzichtbare
Recht des Individuums auf Entfaltung seiner
Fähigkeiten. Seine kunstphilosophische Kon-
zeption meint das Gegenteil einer mystischen
Weltabsage oder Daseinsverleugnung. Kunst
als dem Menschen zugängliche Form der Erscheinung des Schönen wird auf diese Weise
Refugium des Anspruchs des *ganzen* Menschen, und sie wird kraft Autonomie des in sich
selbst Vollendeten zum Protest gegen die „zer-

stückende" Realität. Erkenntnis des Ganzen in der Erscheinung des Schönen und höchste Selbsterkenntnis in der schöpferischen Aktivität der Bildungskraft ist die Signatur der Kunst.

Hier nun ist Kunst nicht mehr Beiwerk, Unterhaltung oder Belehrung im Vorhof oder im Dienste anderer Diskurse, hier ist die sinnliche Erkenntnis durch die Kunst von der cognitio inferior zur ‚cognitio suprema' aufgewertet worden. Indem er ‚bildet', schaut der Mensch sich selbst als *ganzes Teil* des *Ganzen* an: „Das Auge blickt dann, sich selber spiegelnd, aus der Fülle des Daseyns auf" (S. 77).

Karl Philipp Moritz:
Leben und Schriften

15. September 1756: Karl Philipp Moritz in Hameln an der Weser geboren.

1763: Übersiedlung der Familie nach Hannover. Häusliche Misere, bedingt durch Armut und religiösen Fanatismus. Der Vater, preußischer Militärmusiker und mystisch-quietistischer Sektierer, erzieht den Sohn streng nach den Geboten des im kleinbürgerlich-protestantischen Milieu extrem lebensfeindlich praktizierten aristokratisch-katholischen Quietismus' der Madame Guyon (Moritz: „Ertötung aller *Eigenheit* ... von der Wiege an unterdrückt ... in eine unnatürliche idealische Welt verdrängt ... von Kindheit auf *zu wenig eigene Existenz*"). Der Heranwachsende leidet jahrelang an einer schmerzhaften skrofulösen Fußkrankheit. Melancholische Veranlagung.

Herbst 1768 bis Frühjahr 1770: Hutmacherlehre in Braunschweig unter repressivem quietistischem Erziehungsanspruch; endet mit einem Selbstmordversuch des Dreizehnjährigen.

Ostern 1771 bis Sommer 1776: Besuch des Gymnasiums in Hannover. Demütigende Stipendien, ärmlichste Lebensbedingungen. Aber Moritz findet Gönner unter seinen Lehrern, die ihn fördern. Seine Schulbildung ist von einem maßvollen, neuen Entwicklungen geöffneten Aufklärungsdenken bestimmt.

Seit 1774: Einwirkung von Empfindsamkeit und Genie-Dichtung. Begeisterte Klopstock-, Shakespeare- und *Werther*-Lektüre. Theaterleidenschaft.

Juli 1776: Moritz verläßt heimlich die Schule, um Schauspieler zu werden. Von Ekhof in Gotha abgewiesen.

6. August 1776 bis Frühjahr 1778: Theologie-Student in Erfurt und Wittenberg. Endgültiges Scheitern der Theaterpläne.

Frühjahr 1778: Bei Basedow in Dessau. Schwere Erkrankung, Todesgedanken.

23. Juli bis 9. Oktober 1778: Erzieher am großen Potsdamer Militär-Waisenhaus. Tiefe Verstörung aufgrund des Umgangs mit dem Elend der vernachlässigten Kinder.

10. November 1778: Anstellung als Lehrer an der unteren Schule des Berlinischen Gymnasiums zum grauen Kloster. Nach Erwerb des Wittenberger Magistertitels 1779 Ernennung zum Konrektor. Moritz wird Freimaurer.

1780: *Beiträge zur Philosophie des Lebens, aus dem Tagebuche eines Freimäurers.*

1781: Reise nach Hamburg. Besuch bei Klopstock, Claudius, Voß und Campe.
Kleine Schriften, die deutsche Sprache betreffend. Aussichten zu einer Experimentalseelenlehre.

1782: *Vorschlag zu einem Magazin einer Erfahrungs-Seelenkunde.*

Seit 1782: Freundschaft mit Moses Mendelssohn, dem Arztehepaar Herz, später auch mit dem Kantianer Salomon Maimon. Experimente mit einem taubstummen Knaben, den Moritz in seine Wohnung aufnimmt.

Anfang Mai bis August 1782: Landeskundliche und ‚empfindsame‘ Fußwanderung durch England.

Seit Dezember 1782: Lehrauftrag auch am Gymnasium. Daneben gutbesuchte öffentliche Vorlesungen über deutsche Sprache und schöne Wissenschaften. Anfang 1784 Ernennung zum Gymnasialprofessor.

Dezember 1782 bis April 1783: Heftiger Ausbruch der Lungenkrankheit. Monatelang bettlägerig. Schwere Melancholie. Wiederholt trägt Moritz sich mit Selbstmordgedanken. Ebenso häufig bedrängen ihn Todesängste, abwechselnd mit Wiedergeburts-Hoffnungen.

Herbst 1783: Nimmt den Schüler Karl Friedrich Klischnig zu sich. ‚Erotematisches‘ Zusammenleben im Gartenhaus des Matthieuschen Gartens in Kreuzberg.

1783: Erstes Fragment des *Anton Reiser* in der *Berlinischen Monatsschrift*.
Reisen eines Deutschen in England im Jahr 1782.
Gnothi Sauton oder Magazin zur Erfahrungsseelenkunde von 1783 bis 1793 herausgegeben.

1784: *Auch eine Hypothese über die Schöpfungsgeschichte Mosis* in der *Berlinischen Monatsschrift*. Sprachphilosophie im Anschluß an Herder.
Ideal einer vollkommnen Zeitung.

1. September 1784 bis Sommer 1785: Redaktion der *Vossischen Zeitung*.

1785: *Anton Reiser. Ein psychologischer Roman.* 1. Teil 1785, 2. und 3. Teil 1786, 4. Teil 1790.
Andreas Hartknopf. Eine Allegorie (mit Jahreszahl 1786). Fortsetzung: *Andreas Hartknopfs Predigerjahre* (1790).
Versuch einer Vereinigung aller schönen Künste und Wissenschaften unter dem Begriff des in sich selbst Vollendeten in der *Berlinischen Monatsschrift*.

23. Juli bis Herbst 1785: Deutschlandreise mit Klischnig. In Leipzig erstes Zusammentreffen mit Schiller. Besuch bei dem Verfasser von *Herrmann und Ulrike* J. K. Wezel, in Weimar bei Wieland und Musäus. Die Reise prägt den Typus romantischer Wanderungen (Wackenroder und Tieck) vor.

1786: *Versuch einer kleinen praktischen Kinderlogik.*
Versuch einer deutschen Prosodie.

Anfang 1786: Einseitige Liebe zur Frau des befreunde-
ten Bergrats Standtke. Selbstmordphantasien in
Werther-Nachfolge. Mitursache zur Flucht nach
Italien. Moritz erhofft erneut seine ,Wiederge-
burt'.

4. Januar 1786: Tod Mendelssohns. Im Frühling Klisch-
nigs Weggang zum Universitätsstudium. Zuneh-
mendes Gefühl der Vereinsamung und ständige
Depressionen.

8. August 1786: Aufbruch zur Italienreise nach krisen-
reicher körperlicher und seelischer Zerrüttung.
Der Ruhelose verläßt Berlin ohne Beurlaubung
vom Schuldienst, reicht erst von unterwegs seine
Entlassung ein.

September 1786 bis Ende 1788: Moritz in Italien, vor-
wiegend in Rom, wo er Ende Oktober 1786, weni-
ge Tage vor Goethe, eintrifft. Lebt und studiert in
enger Gemeinschaft mit Goethe und den deutschen Künstlern.

Zwischen 17. und 20. November 1786: Erste persönli-
che Begegnung mit Goethe in Rom. Moritz: „Ich
fühle mich durch seinen Umgang veredelt." Goethe: „Er ist wie ein jüngerer Bruder von mir, von
derselben Art, nur da vom Schicksal verwahrlost
und beschädigt, wo ich begünstigt und vorgezo-
gen bin."

1787: Mit Goethe Studium des Pflanzensystems, Ge-
spräche über Kunstbetrachtung und ästhetische
Theorie, Herder-Lektüre *(Ideen, Gott).*
Fragmente aus dem Tagebuche eines Geistersehers.

1788: *Über die bildende Nachahmung des Schönen.*

Spätherbst 1788: Verkehr mit Herder in Rom. Moritz
liest diesem aus dem Manuskript seiner eben ent-
standenen ästhetischen Hauptschrift vor. Herder
äußert sich später abfällig.

4. Dezember 1788 bis 31. Januar 1789: Gast im Hause
Goethes in Weimar. Vertrauter Umgang mit Goethe und Schiller (zwischen denen Moritz vermittelt), Wieland, Knebel und dem Herzog Carl August, mit Frau von Stein, Frau von Kalb, Caroline
Herder und den Schwestern Lengefeld. Erfreut
sich allgemeiner Hochschätzung. Seine *Bildende
Nachahmung* wird eine Art Kunst-Brevier in diesem Kreise, besonders für seine Verehrerinnen.
Moritz nimmt unmittelbaren Anteil an Goethes
Arbeit am *Tasso*, für die er seinerseits Modell-
funktion bekommt. Operation bei Stark in Jena.
Am 1. Februar 1789 reist Moritz zusammen mit
dem Herzog nach Berlin.

Februar 1789: Auf Goethes und des Herzogs Fürspra-
che Ernennung zum Professor der Theorie der
schönen Künste an der Berliner Akademie. 1791
erhält Moritz den Titel eines Kgl. Preußischen
Hofrats und wird Mitglied der Philosophischen
Klasse in der Akademie der Wissenschaften.

Seit Frühjahr 1789: Vorlesungen über Kunsttheorie, Al-
tertumskunde und Mythologie, besucht u. a. von
Alexander von Humboldt, Wackenroder, Tieck.
Wackenroder sieht in Moritz einen „Zwillings-
bruder" Tiecks. Moritz verkehrt als Goethe-Apo-
stel im Hause des Kapellmeisters J. F. Reichardt.
Ausstrahlung in die Salons von Henriette Herz
und Rahel Varnhagen. Als Professor des deutschen Stils an der neugestifteten Artillerie-Akade-
mie hält Moritz Vorlesungen über deutsche Stilkunde. Seine wirtschaftlichen Verhältnisse sind
jetzt gut (siebenhundert Taler Jahresgehalt). Dennoch immer wieder melancholische Depressionen.

1790: *Götterlehre oder mythologische Dichtungen der Alten* (mit Jahreszahl 1791).

1791: *Anthusa oder Roms Altertümer. Ein Buch für die
Menschheit.*

145

Juni 1792: Verlobung mit Christiane Friederike Matz-
dorff, Schwester des Verlagsbuchhändlers Karl
Matzdorff. Vermählung im August, Scheidung im
Dezember, Wiederverheiratung der Getrennten
Ende April 1793.

7. Juni 1792: Der noch unbekannte, mittellose Jean
Paul, tief beeindruckt von der Lektüre des *Anton
Reiser* und besonders des *Andreas Hartknopf*,
schreibt einen Bittbrief an den Verfasser und
übersendet das Manuskript der *Unsichtbaren Loge*. Moritz schickt sogleich Geld und vermittelt
den Druck des Romans zusammen mit dem *Wuz*
bei seinem Schwager Matzdorff. Moritz zu seinem
Bruder Christian Conrad über Jean Paul: „Das
begreif' ich nicht, der ist noch *über* Goethe, das ist
ganz was Neues."

1792f.: *Reisen eines Deutschen in Italien in den Jahren
1786 bis 1788. In Briefen.* Drei Teile.

1793: *Vorlesungen über den Stil.*
*Die große Loge oder der Freimaurer mit Wage und
Senkblei.* Gesammelte Aufsätze.
Vorbegriffe zu einer Theorie der Ornamente.

26. Juni 1793: Moritz stirbt in Berlin, noch vor Vollendung des siebenunddreißigsten Lebensjahres, in-
folge einer akuten Verschlimmerung seines Lun-
genleidens.

1794: Posthum erscheint das Fragment eines in Rom
spielenden Briefromans *Die neue Cecilia*.

1796: *Launen und Phantasien von Carl Philipp Moritz.*
Hrsg. von Carl Friedrich Klischnig. Eine ver-
mehrte Neuauflage von GL.

Nachweise und Anmerkungen

Texte nach:

Karl Philipp Moritz, *Schriften zur Ästhetik und Poetik.* Kritische Ausgabe. Hrsg. von H. J. Schrimpf. Tübingen 1962 (SAP).

Karl Philipp Moritz, *Andreas Hartknopf. Eine Allegorie – Andreas Hartknopfs Predigerjahre – Fragmente aus dem Tagebuche eines Geistersehers.* Faksimiledruck der Originalausgaben (Anhang: Briefwechsel Jean Pauls mit den Brüdern Moritz). Hrsg. und mit einem Nachwort versehen von H. J. Schrimpf. Stuttgart 1968 = Sammlung Metzler, M 69.

Versuch einer Vereinigung:

Erstdruck: Berlinische Monatsschrift, 5. Bd., 3. Stück, 1785, S. 225–236. Wiederabdruck: GL, 1793, S. 153–168, u. d. T. *Über den Begriff des in sich selbst Vollendeten.* Erster Neudruck: Deutsche Litteraturdenkmale (DLD) 31, Stuttgart 1888. Text nach SAP, S. 3–9.

Dieser Aufsatz, im Titel Batteux's *Les beaux arts réduits à un même principe* (1746) nachgebildet, jedoch gegen diesen gewendet, stellt Moritzens früheste Veröffentlichung zur Kunsttheorie dar. Er läßt erkennen, daß Moritz' Befassung mit philosophischer Ästhetik nicht erst eine Folge seiner Italienreise oder gar der Begegnung mit Goethe ist, sondern von Anfang an mit seiner gesellschaftskritischen Arbeit als empirischer Psychologe, Pädagoge, Sprachforscher und Verfasser autobiographischer Schriften einhergeht und im engsten Zusammenhang steht.

Moritz hält an dem Begriff des „In sich selbst Vollendeten" bis zuletzt fest, und zwar im Sinne der Signatur von

147

Kunst überhaupt, des einzelnen Kunstwerks und der je besonderen Sinnbildsetzungen innerhalb des Einzelwerks. Er hat diesen Begriff in allen konkreten Kunstbereichen – der bildenden Kunst, der Mythologie, der Poetik und Musik, der Stilkunde – mit äußerster Konsequenz praktisch verifiziert (vgl. G, RA, RI, VP, AH und VS). Das „In sich selbst Vollendete" wird als „innere Zweckmäßigkeit" – eine Vorwegnahme von Kants „Zweckmäßigkeit ohne Zweck" – entschieden gegen das Brauchbare und Nützliche und gegen jede Art von emotionaler oder didaktischer Wirkungsästhetik abgegrenzt. Szondi nennt Moritzens Überführung der „Wirkungsästhetik" in eine „Realästhetik" einen „in der Geschichte der Ästhetik wahrhaft pionierhaften" Vorgang.

Moritzens Konzept ist anthropologisch begründet, es wendet sich als komplementärer Gegen-Entwurf gegen die Lage des gesellschaftlich determinierten und entfremdeten Menschen, seine Reduzierung auf Brauchbarkeit und Nützlichkeit: die Ermangelung seiner selbst. „Der einzelne Mensch muß schlechterdings niemals als ein bloß *nützliches* sondern zugleich als ein *edles* Wesen betrachtet werden, das seinen eigenthümlichen Werth in sich selbst hat, wenn auch das ganze Gebäude der Staatsverfassung, wovon er ein Theil ist, um ihn her wegfiele.

Der Staat kann eine Weile seine Arme, seine Hände brauchen, daß sie wie ein untergeordnetes Rad in diese Maschine eingreifen – aber der Geist des Menschen kann durch nichts untergeordnet werden, er ist ein in sich selbst vollendetes Ganze" (1786: SAP, S. 16).

Moritz artikuliert sich dabei in erster Linie als Anwalt des vierten Standes und appelliert an die sogenannten Gebildeten und die höheren Stände:

„Ich stelle mich auf die unterste Stufe, worauf mich der Zufall versetzen konnte, und gebe keinen von meinen Ansprüchen auf die Rechte der Menschheit auf ...

Eins der größten Übel, woran das Menschengeschlecht krank liegt, ist die schädliche Absonderung desselben,

wodurch es in zwei Theile zerfällt, von welchen man den einen, der sich erstaunliche Vorzüge vor dem andern anmaßt, den *gesitteten Theil* nennt ...
Aber auch selbst in den gesitteten Ständen betrachtet immer ein Theil den andern mehr als bloß brauchbare und nützliche Wesen – so denkt man sich immer einen Theil von Menschen, als ob er bloß um des andern willen da wäre" (SAP, S. 17).

Die Sprache der Empfindungen.
Aus: *Andreas Hartknopf. Eine Allegorie:*

Erstdruck: Berlin 1786. Erster Neudruck: Faksimiledruck AH, Stuttgart 1968, S. 127–137. Danach der Text. Titel von den Herausgebern.

Der autobiographisch-realistische, psychologisch analysierende *Anton Reiser*, ein Anti-Bildungsroman, und die fiktionale Allegorie *Andreas Hartknopf*, ein blasphemisch-sakralisierender Ketzerroman, – beides Leidensgeschichten von Helden, die an der gesellschaftlichen Wirklichkeit scheitern – stellen Parallelwerke dar, auch entstehungsgeschichtlich. Beide enthalten im anthropologischen Kontext der sinnlich-vernünftigen Natur des Menschen – des „influxus physicus" und der „Connexion von Leib und Seele" – als integrierende Bestandteile ästhetische Reflexionen, die die Sinnlichkeit gegen rationale und spirituelle Unterdrückung und gegen Kompensationen der Innerlichkeit geltend machen. Auch hier wird die Kunst als Modell von möglicher menschlicher Ganzheit und Selbstzwecklichkeit der depravierten, „zerstückenden" sozialen Wirklichkeit entgegengesetzt.
In der vorliegenden Passage des *Hartknopf* fragt der Erzähler nach einem „Alphabet der Empfindungssprache" und sucht es in der Musik, deren Töne „das Ganze nicht erst zerstücken, um es dann wieder zusammenzufassen, sondern die es gleich, so wie es ist, ganz und in seiner Fülle lassen" (S. 23). Moritz liebte es – zur Bezeich-

149

nung der zweckfreien Autonomie —, von der Poesie und Kunst als von einer „höheren Sprache", einer „Sprache der Phantasie" oder einer „Sprache der Empfindung" zu sprechen (SAP, S. 246, S. 195, S. 187ff.). Der Terminus „Empfindungssprache" darf dabei nicht ‚empfindsam' ausgelegt werden. Moritz versteht darunter nicht den unmittelbaren Ausdruck der Innerlichkeit oder ein Gestimmtsein der Seele, sondern vielmehr eine *sensitive* Sprache, die unter dem Gesetz der Sinne und ihres Rhythmus, dem Bildungsgesetz der Poesie steht und das in sich vollendete Ganze, das „Alles im Moment" (S. 19, vgl. über Apollo in Belvedere: „Alles drängt sich in einen Moment zusammen", SAP, S. 244) repräsentiert: „Es ist hier mit der Rede fast, wie mit dem *Gange*. Das gewöhnliche Gehen hat seinen Zweck *ausser sich*, es ist bloß *Mittel* zu irgend einem Ziele zu gelangen … Die Leidenschaft aber, der hüpfenden Freude z.B. *drängt auch den Gang in sich selbst zurück* …, weil das Gehen nicht mehr nach irgend einem Ziel gerichtet ist, sondern mehr *um sein selbst willen* geschieht …; auf die Weise ist der Tanz entstanden … Eben so drängte nun auch das Übermaaß der Empfindung zuerst jene artikulirten Töne hervor, welche eigentlich auch keinen Zweck, als sich selber hatten …, sondern die man, so wie die Schritte beim Tanz, gewissermaßen *um ihrer selbst willen* hervorbrachte" (VP: SAP, S. 185ff.).

Über die bildende Nachahmung des Schönen:

Erstdruck: Braunschweig 1788. Erster Neudruck: DLD 31, Stuttgart 1888. Text nach SAP, S. 63–93.

Moritz' ästhetische Hauptschrift entstand im Frühjahr 1788 in Italien und erschien gedruckt zur Herbstmesse des gleichen Jahres im Verlag von Joachim Heinrich Campes braunschweigischer Schul-Buchhandlung. Goethe rezensierte sie mit teils wörtlichen Zitaten zustimmend in Wielands *Teutschem Merkur* (Jahrgang 1789), wo diese Würdigung neben der eigenen Abhandlung *Einfache Nachahmung der Natur, Manier, Stil* zu seinen frühesten Versuchen gehört, die italienischen Erfahrungen literarisch festzuhalten. Noch 1829 hat er einen umfänglichen Auszug aus Moritz' schmalem Buch (unser Text S. 48, Z. 20 – S. 61, Z. 4) in seine *Italienische Reise (Zweiter Römischer Aufenthalt)* mitaufgenommen, „da es", wie er am 19. August 1829 an Riemer schrieb, „in Rom aus unsern Gesprächen entsprungen ist, und, in der Folge, wo nicht aufs Publikum selbst Einfluß gehabt hat, doch das Fundament unsrer nachher mehr entwickelten Denkart geblieben ist."

Der Begriff einer „bildenden Nachahmung" ist Moritz' Beitrag zur traditionellen Imitatio-Diskussion. „Bildend" besagt hier: „schöpferisch gestaltend", „hervorbringend" (S. 59). Die „Bildungskraft" des Künstlers steht im produktiven Wettstreit mit dem Gegenstand der Abbildung (nach Goethes Rezension: „*Nachahmen,* im edlen moralischen Sinn, wird mit den Begriffen von Nachstreben und Wetteifern fast gleichbedeutend"). Moritz in seinen *Grundlinien* (vgl. unten, S. 157): „Der *gebohrne Künstler* begnügt sich nicht, die Natur anzuschauen, er muß ihr nachahmen, ihr nachstreben, und bilden und schaffen, so wie sie" (SAP, S. 121). Auffällig ist der häufige Gebrauch des Dativs beim Objekt von „nachahmen" (*der* Natur, *dem* Schönen nachahmen). Er ist also auch im Begriff der „bildenden Nachahmung des Schönen" stets mitzudenken.

Aufgrund der gemeinsamen Römischen Gespräche bestehen weitgehende Übereinstimmungen mit Goethes Aufsatz *Einfache Nachahmung der Natur, Manier, Stil.* Moritz unterscheidet gleichfalls triadisch: „Der edle wetteifernde Nachahmungstrieb steht zwischen der Nachahmungs- und Originalsucht in der Mitte, und kämpft mit beiden" (SAP, S. 204 f.). Bloße „Nachahmungssucht" (Nachäffen) und bloße „Originalsucht" (Manier) bedeuten für Moritz zwei extreme Formen des Dilettantismus, die nicht nur in einem ästhetischen, sondern zugleich in einem anthropologischen, sozialpsychologischen Kontext stehen: „Nachahmungssucht und Originalsucht, als ganz entgegengesetzte Dinge, scheinen dem ohngeachtet aus einer Quelle, aus dem Mangel an richtigem Selbstgefühl, zu entstehen" (SAP, S. 205).

An anderer Stelle verwendet Moritz den Terminus „Stil" synonym mit „bildender Nachahmung": „... in sofern man sich nehmlich unter Styl das Feststehende, Bleibende in dem ächten Kunstwerke denkt, wodurch es selbst über die Originalität sich erhebt.

Man sagt daher auch *im antiken Styl*, und nicht *in antiker Manier*, weil *Manier* schon die besondere Art eines einzelnen, *Styl* aber keine besondere Art, sondern das wesentliche Schöne in der Kunst selbst bezeichnet" (SAP, S. 220).

Doch während Goethe, ungeachtet der wertenden Heraushebung des Stil-Begriffs, typologisch und gradualistisch verfährt, argumentiert Moritz aus dem genannten Grund schroff antithetisch und dualistisch. Es ist ferner kennzeichnend für ihn, daß er abweichend von Goethe auch für den höchsten Wert, den „Stil", am Nachahmungsbegriff (der die Objektivität des „In sich selbst Vollendeten" verbürgt) festhält, diesen aber durch den Zusatz der erzeugenden „Hervorbringung" (= „bildend") aufhebt, d. h. nur bewahrt, indem er ihn überwindet (Todorov: „imitation" als „construction", „imitation formatrice").

Die Signatur des Schönen:

Erstdruck: Monats-Schrift der Akademie der Künste und mechanischen Wissenschaften zu Berlin, 1. Jg., 2. Bd., 1788, S. 159–168, S. 204–210; 2. Jg., 3. Bd., 1789, S. 3–5, u. d. T. *In wie fern Kunstwerke beschrieben werden können?* Wiederabdruck: GL, 1793, S. 89–111, u. d. T. *Die Signatur des Schönen.* Erster Neudruck: Kunstwerke in dichterischer Deutung. Dresden 1940, S. 13–24. Text nach SAP, S. 93–103.

Die Abhandlung ist Moritz' erster Beitrag, den er in der akademischen Monats-Schrift veröffentlichte, und insofern – wie das Studium der Mathematik und Perspektive, dem er sich zuletzt in Italien widmete – als Vorbereitung auf sein künftiges Amt an der Akademie der Künste anzusehen. Aus Rom schreibt er am 7. Juni 1788 an Goethe, der sich seit dem 18. Juni wieder in Weimar befindet: „Da die akademische Monatsschrift in Berlin Beschreibungen von Kunstwerken verlangt, so arbeite ich an einem Aufsatze für diese Monatsschrift: *In wie fern Kunstwerke beschrieben werden können.*? Ich habe dabei Winckelmanns Beschreibungen von Apollo und Laokoon nachgelesen, und sie mir zu zergliedern gesucht … Das leuchtet mir aber doch immer mehr ein, daß in der körperlichen Gestalt im Grunde alles liegt." (Eybisch, S. 231 f.).

Mit diesem Aufsatz wendet Moritz den Begriff des „In sich selbst Vollendeten" auf die Frage nach der Möglichkeit einer angemessenen Beschreibung von Kunstwerken an. Letztere erscheint ihm nur durch die Dichtung (also wieder ein Kunstwerk) vollständig erreichbar, da die diskursive Begriffssprache der Worte lediglich mittelbar und annäherungsweise ein in sich vollendetes sinnliches Werk der bildenden Kunst deutend vergegenwärtigen kann, und zwar auch dann nur, wenn sie „uns einen *nähern Aufschluß über das Ganze und die Nothwendigkeit seiner Theile*" (S. 96) zu geben vermag. Moritz' Winckelmann-Kritik erhebt zwei Vorwürfe: die Zerstückelung eines Ganzen durch additive Beschreibung von Einzelteilen und die Transzendierung des durch klare sinnfällige Konturen in sich selbst Geschlossenen auf ein körperlos-unsichtbares mystisches Ideal hin. In seinem Italien-Buch (RI 1792/93) formuliert Moritz noch schärfer: „Winckelmanns Beschreibung des Apollo in Belvedere scheint mir für ihren Gegenstand viel zu zusammengesetzt und gekünstelt. – Der Genius der Kunst war neben ihm eingeschlummert, da er sie niederschrieb; und er dachte gewiß mehr an die Schönheit seiner Worte, als an die wirkliche Schönheit des hohen Götterideals, das er beschrieb. Aus dieser Verstimmung kömmt der falsche Rath: ‚Ge-

he mit deinem Geiste in das Reich unkörperlicher Schönheit, und versuche ein Schöpfer einer himmlischen Natur zu werden, um den Geist mit Schönheiten, die sich über die Natur erheben, zu erfüllen!'
Wer diesem Rathe folgt, wird ganz des Ziels verfehlen – Die Kunst mit ihrem Geiste soll in das Reich der körperlichen Schönheiten immer tiefer dringen, und alles Geistige bis zum Ausdruck durch den Körper führen; sie soll den Geist mit Schönheiten, die in der Natur würklich sind, erfüllen, um sich bis zum Ideal der höchsten *Körperschönheit* zu erheben" (SAP, S. 244 f.).

Über die Allegorie:

Erstdruck: Monats-Schrift der Akademie der Künste und mechanischen Wissenschaften zu Berlin, 2. Jg., 3. Bd., 1789, S. 49–54. Wiederabdruck: VO, 1793, S. 41–47. Erster Neudruck: SAP, S. 112–115. Danach der Text.

Der kleine Aufsatz ist ein wichtiges Zeugnis für Moritzens maßgeblichen Beitrag zur Herausbildung des klassischen Symbolbegriffs und zu einer modernen Zeichentheorie überhaupt. Moritz verwendet die Bezeichnung „Symbol" selbst allerdings noch nicht im neuen Sinne. Er spricht vom „Sinnbildlichen" (RA, S. 13, S. 91), einmal auch von „ausdrucksvollen Symbolen" (RA, S. 15). Ansonsten benutzt er den Terminus konventionell in der Bedeutung „willkürliches Zeichen" für etwas „außer sich selbst" (vgl. S. 98).
Die Moritzsche Auffassung von der künstlerischen Sinnbildlichkeit ist als Kritik an Winckelmanns Allegorie-Begriff vorgetragen. Dieser hatte vom bildenden Künstler gefordert, „sich als einen Dichter zu zeigen und ... *allegorisch zu malen*", d.h. „durch Bilder, die allgemeine Begriffe bedeuten" (*Gedanken über die Nachahmung der griechischen Werke*, 1755). Mit seinem späteren *Versuch einer Allegorie, besonders für die Kunst* (1766) wollte Winckelmann den Künstlern ein Kom-

pendium für allegorische Einkleidungen an die Hand geben, denn der Pinsel des Malers müsse „in Verstand getunkt sein" und die Malerei „gelehrt und sinnreich". Im schroffen Gegensatz dazu verwarf Moritz die allegorische Darstellung als Formprinzip der Kunst und gestand der Allegorie nur noch eine untergeordnete, ornamentale Rolle zu.

Seinerseits vertritt er die These, daß im poetischen Sinnbild des echten Kunstwerks das Bezeichnete mit der Bezeichnung zusammenfalle, „daß die Bezeichnung selbst zur Hauptsache wird" (S. 101) und daß „die Sache mit ihrer Bezeichnung", „die Beschreibung mit dem Beschriebnen eins" werden müsse, „weil sie nicht mehr um des Beschriebnen willen da ist, sondern ihren Endzweck in sich selber hat" (S. 89). Ein „bedeutendes Bild" liege da vor, „wo Zeichen und Sache eines wurden" (AR, Reclam: S. 465). Ein solches Sinnbild ist gekennzeichnet durch die wechselseitige Durchdringung von Signifikant und Signifikat; es erscheint in sich selbst vollendet, bedeutet nur sich selbst. Todorov hat dafür die paradoxe, aber treffende Benennung „intransitives Zeichen" („Ding, das sich selbst bezeichnet") gewählt und spricht auch vom in sich selbst strukturierten, „motivierten Zeichen" („signe motivé").

Ohne dafür den Terminus ‚Symbol' zu gebrauchen, hat Moritz, Jahre vor den zusammenfassenden Definitionen Schillers und Goethes, der Sache nach genau den neuen klassischen (und frühromantischen) Symbolbegriff der autonomen Kunstgestalt vorformuliert (vgl. Hamb. Goethe-Ausg., Bd. 12, S. 470 f.). Goethe umschreibt diesen 1818 z. B. so: „Bei dieser Gelegenheit bemerken wir, daß man hie und da sich mit unserm Gebrauch des Wortes *symbolisch* nicht vereinigen kann. Wir sagen daher: ... nach unserm Ausdruck ein Symbol ... Es ist die Sache, ohne die Sache zu sein, und doch die Sache; ein im geistigen Spiegel zusammengezogenes Bild, und doch mit dem Gegenstand identisch. Wie weit steht nicht dagegen Allegorie zurück; sie ist vielleicht geistreich witzig, aber doch meist rhetorisch und konventionell und immer besser, je mehr sie sich demjenigen nähert, was wir Symbol nennen" (*Philostrats Gemälde. Nachträgliches* = Weimarer Ausgabe 49, I, S. 141f.).

Beide Aufsätze, *Die Signatur des Schönen* wie *Über die Allegorie*, stellen zugleich methodische Vorüberlegungen für ein Moritzsches Hauptwerk dar, das mit vielen Auflagen eine starke Wirkung bis weit ins 19. Jahrhundert hatte und das Winckelmannsche Allegorie-Kompendium bei den Künstlern ersetzte: die *Götterlehre* (G). Darin ist der neue Symbolbegriff des „In sich selbst Vollendeten" konsequent auf die Metamorphose der antiken Götter angewandt. Unter der Überschrift *Gesichtspunkt für die mythologischen Dichtungen* heißt es dort einleitend: „Die mythologischen Dichtungen müssen als eine Sprache der Phantasie betrachtet werden: Als eine solche genommen, machen sie gleichsam eine Welt für sich aus, und sind aus dem Zusammenhange der wirklichen Dinge herausgehoben.

Die Phantasie herrscht in ihrem eigenen Gebiete nach Wohlgefallen, und stößt nirgends an. Ihr Wesen ist zu formen und zu bilden; wozu sie sich einen weiten Spielraum schafft, indem sie sorgfältig alle abstrakten und metaphysischen Begriffe meidet, welche ihre Bildungen stören könnten.

Sie scheuet den Begriff einer metaphysischen Unendlichkeit und Unumschränktheit am allermeisten, weil ihre zarten Schöpfungen, wie in einer öden Wüste, sich plötzlich darin verlieren würden.

Sie flieht den Begriff eines anfangslosen Daseyns; alles ist bei ihr Entstehung, Zeugen und Gebähren, bis in die älteste Göttergeschichte" (SAP, S. 195). Die Prägnanz der Phantasie!

Bestimmung des Zwecks einer Theorie der schönen Künste:

Erstdruck (posthum): Berlinisches Archiv der Zeit und ihres Geschmacks, 1795, I, S. 255f. Im Manuskript erhalten (dort ohne Titel): Geheimes Staats-Archiv, Berlin, R. 76. Archiv, III. Abt., No. 76. Danach die Datierung auf 1789. Neudrucke: DLD 31, Stuttgart 1888 (ungenau), und: Hugo Eybisch, *Anton Reiser.* Leipzig 1909 (nach dem Manuskript). Text nach SAP, S. 122. Titel vom postumen Herausgeber (1795).

Der knappe programmatische Entwurf faßt die Moritzschen Hauptthesen noch einmal bündig zusammen. Mit diesem wie mit anderen Thesenpapieren, von denen die *Grundlinien zu einer vollständigen Theorie der schönen Künste* 1789 in der Monats-Schrift gedruckt erschienen (vgl. SAP, S. 120−123), richtete sich der Akademieprofessor Moritz an seine Hörerschaft, bemüht um die Geschmacks-, Phantasie- und Verstandesbildung der jungen Künstler. Der Text läßt erkennen, wie der engagierte Aufklärungsschriftsteller darauf abzielt, das, was *ohne Nutzen* allein *um sein selbst willen da ist* − im Kunstwerk wie im Menschen − als unverzichtbar *nützlich* für die Gesellschaft zu erweisen.

Die Wirkungen der äußern Sinne in psychologischer Rücksicht:

Erstdruck: Magazin zur Erfahrungsseelenkunde, 8. Bd., 1791, 1. Stück, S. 99−103, 2. Stück, S. 45−51. Erster Neudruck: SAP, S. 129−135. Danach der Text.

Dieser Aufsatz gibt ein Beispiel ab für die beharrliche Praxis des empirischen Psychologen Moritz, die geistigen und sinnlichen Anlagen des Menschen stets im untrennbaren Zusammenhang zu betrachten, und zwar konsequent ohne moralisch-rationale Reglementierungen. Zweifel an der Dominanz des Verstandes und an geistlicher Autorität und das Wissen um die am eigenen Leibe wie an anderen erfahrene sinnlich-seelische Unterdrückung haben zur Gründung des *Magazins zur Erfahrungsseelenkunde* geführt. Moritz macht mit der sinnlich-vernünftigen Natur, dieser rätselhaft-dunklen, engen „Connexion von Leib und Seele" des Menschen Ernst und sucht anthropologische Erkenntnisse auf dem ungesicherten Weg der Erfahrung, der Selbst- und Fremdbeobachtung.

Wesentliches Merkmal der Ästhetik-Diskussion seit Baumgarten ist die Aufwertung der Sinnlichkeit, die schrittweise aus ihrer subalternen Stellung als „unteres Erkenntnisvermögen" befreit und zum eigenständigen „analogon rationis" wird. Die ganzheitliche Auffassung des Menschen führt den Erfahrungsseelenkundler zur Einsicht, daß Gesundheit nur in der Harmonie der „verhältnismäßigen Übereinstimmung aller Seelenfähigkeiten" (MzE I, 1, S. 33) bestehen kann. Die äußeren Sinne sind also mit dem rationalen Wesen des Menschen in Einklang zu bringen, als Werkzeuge, die zwischen der Seele und dem Ganzen der Welt vermitteln. Sie können es nur, weil dieses Ganze der Möglichkeit nach bereits in der Seele angelegt ist.

Moritz denkt sich hier die Seele als „Mittelpunkt eines Kreises" und als schaffenden „Spiegel", „worin das Ganze der Natur sich abbildet" (S. 113), und beantwortet von daher die Frage, wie „die Seele ihre Vorstellungen und Bilder" hervorbringt und formt (S. 114). Die Sinneseindrücke — wie im besonderen Beispiel die durch das Hören vermittelten Töne und Rhythmen der Musik — erfolgen an der Peripherie des Kreises, als Einzeleindrücke je besonderer Art. Erst die seelische Formungskraft integriert sie zu einem Ganzen.

Es ist unverkennbar, daß Moritz mit seinen Vorstellungen von Kreisform und Mittelpunkt, von monadischer Struktur und Spiegelung in der philosophie- und ästhetikgeschichtlichen Tradition von Leibniz, Shaftesbury, Baumgarten, Winckelmann, Lessing und Herder steht. Seine besondere Bedeutung liegt darin, daß er diese Theoreme ebenso wie die Sprache stets in empirischer „psychologischer Rücksicht" betrachtet und in realästhetische und individualtherapeutische Praxis umsetzt.

Abkürzungen

AH	=	Andreas Hartknopf. Eine Allegorie (1786)
AP	=	Andreas Hartknopfs Predigerjahre (1790)
AR	=	Anton Reiser (1785–1790)
BN	=	Über die bildende Nachahmung des Schönen (1788)
G	=	Götterlehre oder mythologische Dichtungen der Alten (1791)
GL	=	Die große Loge oder der Freimaurer mit Wage und Senkblei (1793)
KL	=	Versuch einer kleinen praktischen Kinderlogik (1786)
LP	=	Launen und Phantasien von Carl Philipp Moritz. Hrsg. von Carl Friedrich Klischnig (1796)
MzE	=	Magazin zur Erfahrungsseelenkunde (1783–1793)
RA	=	Anthusa oder Roms Altertümer (1791)
RI	=	Reisen eines Deutschen in Italien in den Jahren 1786 bis 1788. In Briefen (1792f.)
VME	=	Vorschlag zu einem Magazin einer Erfahrungs-Seelenkunde (1782)
VO	=	Vorbegriffe zu einer Theorie der Ornamente (1793)
VP	=	Versuch einer deutschen Prosodie (1786)
VS	=	Vorlesungen über den Stil (1793)
DLD	=	Deutsche Litteraturdenkmale des 18. und 19. Jahrhunderts. In Neudrucken hrsg. von Bernhard Seuffert.
SAP	=	Karl Philipp Moritz, Schriften zur Ästhetik und Poetik. Kritische Ausgabe. Hrsg. von Hans Joachim Schrimpf. Tübingen 1962.

Bibliographie

in chronologischer Folge

KLISCHNIG, KARL FRIEDRICH, Erinnerungen aus den zehn letzten Lebensjahren meines Freundes Anton Reiser. Als ein Beitrag zur Lebensgeschichte des Herrn Hofrath Moritz = Anton Reiser. Ein psychologischer Roman. Fünfter und letzer Theil. Berlin 1794.

DILTHEY, WILHELM, „Die Einbildungskraft des Dichters" (zuerst 1887). In: Wilhelm Dilthey, Gesammelte Schriften, Bd. VI. Leipzig, Berlin 1924, S. 103−241.

AUERBACH, SIGMUND, Vorwort zum Neudruck von BN. Stuttgart 1888 (= DLD, Nr. 31).

DESSOIR, MAX, K. Ph. Moritz als Aesthetiker. Dissertation. Berlin, Naumburg 1889.

EYBISCH, HUGO, *Anton Reiser*. Untersuchungen zur Lebensgeschichte von K. Ph. Moritz und zur Kritik seiner Autobiographie. Leipzig 1909.

WALZEL, OSKAR, „Goethe und K. Ph. Moritz" (zuerst 1914). In: Oskar Walzel, Vom Geistesleben alter und neuer Zeit. Leipzig 1922, S. 291−315.

BAEUMLER, ALFRED, Kants *Kritik der Urteilskraft*. Ihre Geschichte und Systematik. Bd. 1: Das Irrationalitätsproblem in der Ästhetik und Logik des 18. Jahrhunderts bis zur *Kritik der Urteilskraft*. Halle 1923. Reprogr. Nachdruck: Darmstadt 1967.

UNGER, RUDOLF, „Zur seelengeschichtlichen Genesis der Romantik. I: K. Ph. Moritz als Vorläufer von Jean Paul und Novalis" (zuerst 1930). In: Rudolf Unger, Zur Dichtungs- und Geistesgeschichte der Goethezeit. Berlin 1944, S. 144−180.

MINDER, ROBERT, Die religiöse Entwicklung von K. Ph. Moritz auf Grund seiner autobiographischen Schriften. Studien zum *Reiser* und *Hartknopf*. Berlin 1936. Neudruck unter dem Titel: Glaube, Skepsis und Rationalismus. Frankfurt a. M. 1974 (= stw 43).

PYRITZ, HANS, „Goethes Römische Ästhetik" (zuerst 1955). In: Hans Pyritz, Goethe-Studien. Köln, Graz 1962, S. 17—33.

MENZER, PAUL, Goethes Ästhetik. Köln 1957 (= Kant-studien, Ergänzungsheft 72).

SCHMIDT, ARNO, „Die Schreckensmänner. K. Ph. Moritz zum 200. Geburtstag" (zuerst 1958). In: Der sanfte Unmensch. Berlin 1963 (= Ullstein-Buch Nr. 448), S. 133—156.

KOSELLECK, REINHART, Kritik und Krise. Eine Studie zur Pathogenese der bürgerlichen Welt (zuerst 1959). Frankfurt a. M. 1973³ (= stw 36).

LANGEN, AUGUST, „K. Ph. Moritz' Weg zur symbolischen Dichtung". In: Zeitschrift für deutsche Philologie 81 (1962), S. 169—218 und S. 402—440.

SØRENSEN, BENGT ALGOT, Symbol und Symbolismus in den ästhetischen Theorien des 18. Jahrhunderts und der deutschen Romantik. Munksgaard, Kopenhagen 1963.

SCHRIMPF, HANS JOACHIM, „Vers ist tanzhafte Rede. Ein Beitrag zur deutschen Prosodie aus dem achtzehnten Jahrhundert". In: Festschrift für Jost Trier. Köln, Graz 1964, S. 386—410.

SCHRIMPF, HANS JOACHIM, „Die Sprache der Phantasie. K. Ph. Moritz' *Götterlehre*" (zuerst 1967). In: Begriffs-bestimmung der Klassik und des Klassischen. Darmstadt 1972 (= Wege der Forschung, Bd. CCX), S. 272—305.

MENZ, EGON, Die Schrift K. Ph. Moritzens *Über die bildende Nachahmung des Schönen*. Dissertation Tübingen. Göppingen 1968.

VAGET, HANS RUDOLF, „Das Bild vom Dilettanten bei Moritz, Schiller und Goethe". In: Jahrbuch des Freien Deutschen Hochstifts, Tübingen 1970, S. 1—31.

GHISLER, RUTH, „*Vorbegriffe zu einer Theorie der Ornamente* von K. Ph. Moritz". In: Jahrbuch des Freien Deutschen Hochstifts, Tübingen 1970, S. 32—58.

162

SAINE, THOMAS P., Die ästhetische Theodizee. K. Ph. Moritz und die Philosophie des 18. Jahrhunderts. München 1971.

SÖLLE, DOROTHEE, Realisation. Studien zum Verhältnis von Theologie und Dichtung nach der Aufklärung. Darmstadt, Neuwied 1973.

SZONDI, PETER, Poetik und Geschichtsphilosophie I. Frankfurt a. M. 1974 (= stw 40).

SAUDER, GERHARD, Empfindsamkeit. Bd. 1: Voraussetzungen und Elemente. Stuttgart 1974.

SCHINGS, HANS-JÜRGEN, Melancholie und Aufklärung. Melancholiker und ihre Kritiker in Erfahrungsseelenkunde und Literatur des 18. Jahrhunderts. Stuttgart 1977.

TODOROV, TZVETAN, Théories du symbole. Paris 1977 (= Collection Poétique).

MENZ, EGON, „Genuß des wirklichen Lebens. K. Ph. Moritz' Buch über Roms Altertümer". In: Berlin und die Antike (Katalog). Ergänzungsband. Berlin 1979, S. 257–272.

BOULBY, MARK, Karl Philipp Moritz. At the Fringe of Genius. Toronto 1979.

SCHRIMPF, HANS JOACHIM, Karl Philipp Moritz. Stuttgart 1980 (= Sammlung Metzler, M 195).

BEZOLD, RAIMUND: Popularphilosophie und Erfahrungsseelenkunde im Werk von Karl Philipp Moritz. Würzburg 1984.

MÜLLER, LOTHAR, Die kranke Seele und das Licht der Erkenntnis. Frankfurt a. M. 1987.

ADLER, HANS, „Fundus Animae – der Grund der Seele. Zur Gnoseologie des Dunklen in der Aufklärung". In: Deutsche Vierteljahrsschrift für Literaturwissenschaft und Geistesgeschichte 62 (1988), S. 197–220.

ADLER, HANS, Die Prägnanz des Dunklen. Gnoseologie – Ästhetik – Geschichtsphilosophie Johann Gottfried Herders. Hamburg 1990 (= Studien zum 18. Jahrhundert, Bd. 13).

CIP-Titelaufnahme der Deutschen Bibliothek

Moritz, Karl Philipp:
Beiträge zur Ästhetik / Karl Philipp Moritz.
Hrsg. u. kommentiert von
Hans Joachim Schrimpf u. Hans Adler. –
Mainz: Dieterich 1989.
(Excerpta classica; Bd. 3)
ISBN 3-87162-013-0
NE: Moritz, Karl Philipp: [Sammlung]; GT